中国这么美的 30个 自治州

带一本书去

红河

王若杰 著

中国民族文化出版社
北京

梯田、森林、村庄 佟忠义/摄

序言

　　不管是旅行还是旅游，脚步永远只能跟随内心的感觉走——恰如我们会在不经意间一抬头，看到远处郁郁葱葱的山间，在陡峭的半山腰处，一列灰褐色的货运列车，如一位上了年纪但意志坚定的老人，吭哧吭哧地喘着粗气，执着地在铁轨上前行；恰如一位身着汉服的年轻女子，穿过古老的青石板巷子去打一桶清凉的井水；恰如三两好友坐在盛开着绣球花的小院，随手剥开一个红红的石榴，玛瑙般晶莹剔透的石榴籽让人不舍得下口……这些生活的日常，好似屋檐下滴落的串串雨珠，垂落的刹那，已弹奏出相遇的节奏。

　　或许，原本平常的今天，会因为遇见而不平常。

　　欢迎你来美丽的红河，这里有米线之城、红色荣光的蒙自，有世界锡都、宜居小城个旧，有火车拉来的幸福城市开远，有风景如画、鸟语花香的弥勒，有滇南邹鲁、文献名邦建水，有状元故里、水墨之城石屏，有美食荟萃、英雄辈出的泸西，有世界文化遗产哈尼梯田的故乡元阳，有马帮之城、华侨之乡红河县，有四季如春的"一线城市"绿春，有长寿之乡、神奇蝴蝶谷金平，有滴水苗城、森林氧吧屏边，有充满异域风情的口岸明珠河口。

　　欢迎你来红河看"最云南"的美丽四季，在春夏秋冬的轮回中，梨花、桃花、杏花、玉兰花、樱花、油菜花、马缨花、杜鹃花、木棉花、火凤凰、蓝花楹、海棠花、向日葵、荷花、菊花、黄风铃、梅花……花花成海，轮番登场，让人目不暇接。来吧，

序言

来红河赴一场繁花似锦的浪漫之约。

欢迎你来红河品尝久负盛名的蒙自过桥米线、飘香万里的建水石屏豆腐、个旧的小肉串、泸西的烤土豆、元阳的牛干巴、河口的小卷粉、哈尼的蘸水鸡……相信这舌尖上的诱惑,会让你回味无穷。来吧,来红河赴一场寻味品鲜的舌尖之约。

欢迎你来红河融入万民同乐的节日,在哈尼族矻扎扎节、彝族火把节、瑶族盘王节、苗族花山节、傣族泼水节里,感受简单纯粹的快乐……听听,此刻的红河大地,田间地头、大街小巷都唱响《马缨花》的旋律,能歌善舞是红河人的标配。在红河,山上开的马缨花也被唱成了歌,跳成了舞。红河,在被世界看见的同时,也希望被世界听见。

中原文化与边境少数民族文化完美融合的红河,是"最云南"的地方,也是云南旅游的新方向。来吧,到红河来,遇见壮美的山水,感受"一半烟火一半诗"的惬意。

来吧,红河在这里,美丽着,欢乐着。

等你。

红河 段靖雄/摄

目录 | CONTENTS

CHAPTER 01
红河，在高原和大海之间

5　　红河呈现给世界的七大名片
10　　红河的历史

CHAPTER 02
"最云南"的红河如此多娇

14　　碧色寨：穿越时空的时光机
19　　哈尼梯田：大地雕塑
29　　大围山：云贵高原上的动植物基因库
37　　建水燕子洞："亚洲第一洞"
41　　泸西阿庐古洞："云南第一洞"
45　　百年传奇的东风韵："我爱你"
50　　太平湖：一个花开成诗的地方
56　　锦屏后海：开启一场汉文化体验之旅

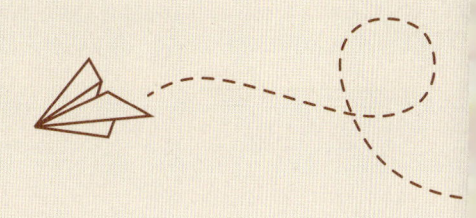

CHAPTER 03
散落在红河大地的历史文化遗迹

- 64　滇越铁路：穿越百年的传奇米轨
- 70　人字桥：滇越铁路上的绝美风景
- 74　西南联大：高山仰止
- 80　朝阳楼：滇南第一楼
- 84　朱家花园：滇南大观园
- 88　建水文庙：文献名邦的佐证
- 94　红河州博物馆：跟着文物穿越在历史和现实之间

CHAPTER 04
美美与共的天然氧吧州

- 102　蒙自：岁月长旅中的追寻
- 110　建水：斯文人家，燕归故里
- 117　河口：从渡口奔向大海
- 124　个旧：世界锡都和一些不得不说的故事
- 133　弥勒：一座建在公园里的城市
- 142　金平：蝶舞翩跹，瀑布磅礴，长寿之乡
- 150　绿春：山梁上的"一线城市"
- 154　开远：火车拉来的城市
- 160　石屏：藏在时光深处的古城
- 167　屏边：滴水苗城，山水春城
- 173　元阳：哈尼梯田的故乡
- 179　泸西：红河的北大门
- 183　红河：马帮之城，江外侨乡

CHAPTER 05
小镇与村庄，温暖的人间烟火

194	元阳哈尼小镇
195	弥勒可邑小镇
196	建水西庄紫陶小镇
198	团山民居
202	郑营古村
204	城子古村

CHAPTER 06
舌尖上的狂欢，人世间的温情

210	蒙自过桥米线：味蕾上的华章
214	哈尼长街宴：天下最长宴席
216	汽锅鸡：云南十大经典名菜之一
218	曲江烧鸭：一场不容错过的盛宴
220	牛干巴：满口异香，回味无穷
222	石屏豆腐："带不走的石屏专利"

CHAPTER 07
四季丰歌，红河的物华天宝

- 226 蒙自石榴："北回归线上的"甜蜜诱惑""
- 228 梯田红米："一粒米"的千年之旅
- 229 蒙自枇杷：像明珠一样人见人爱的黄金果
- 230 绿春玛玉茶：全国公众信誉名优食品
- 232 哈尼焖锅酒：甘醇绵长
- 233 弥勒葡萄："东方波尔多"

CHAPTER 08
传承千年，我们终将相遇

- 236 建水紫陶：让我鲜活在你的生命里
- 240 乌铜走银：永不消逝的银纹
- 241 个旧锡制工艺品：走入寻常百姓家的艺术
- 243 红河刺绣：流动于山野间的绝美风景
- 245 哈尼古歌与《四季生产调》
- 246 哈尼族服饰：穿的是艺术，戴的是神话
- 250 矻扎扎节：神圣的节日，沸腾的山寨
- 252 十月年：哈尼人的丰收节
- 254 火把节：欢乐温暖又炽热

后记

红河九曲十八弯 龚维跃 摄

CHAPTER .01

红河,在高原和大海之间

在红河水乡领略市井凡尘的人间烟火,到湖泉半山温泉洗去一身疲惫,听着松涛打盹,拥着湖风入眠。

■ 带一本书去红河

　　如果从遥远的星河往地球上远眺，你或许会看到一条红色的河流，它像地球的血脉，奔腾向前，生生不息；它从雄奇巍峨的云贵高原哀牢山脉的崇山峻岭中奔流而来，滋养着云贵高原上地处祖国大西南边陲的这片3.29万平方千米的红色沃土，这条河

红河，在高原和大海之间

流叫"红河"。这片被红色血脉深深滋养着的土地，因美丽的红河穿境而过得名，它的全名叫"红河哈尼族彝族自治州"，简称"红河州"。红河州是全国唯一的一个哈尼族自治州，红河是红河州的母亲河。

红河 段靖雄/摄

撒玛坝梯田 胡艳辉/摄

红河，在高原和大海之间

　　云南是世人公认的中国旅游资源最丰富的省份之一，而世人心目中构成彩云之南的所有元素，在红河几乎都能找到，所以说，红河是云南的缩影，红河是"最云南"的地方，红河有着"最云南"的味道。什么是"最云南"的味道呢？无非就是好山好水好生态，红河还要再加上这样一句广告词：这里生活着470万热情好客、风趣幽默、开放包容的红河人。

红河呈现给世界的七大名片

　　红河呈现给世界的名片之一，是世界文化遗产哈尼梯田。它是红河州最厚重的文旅名片，是祖祖辈辈的哈尼人用千年时光，凭着坚忍不拔、锲而不舍的精神支撑，靠勤劳和智慧依山修建而成的，顺着山势，将田埂修出了自然的等高线，哈尼梯田一级一级顺着山梁登上了云端。

红河呈现给世界的名片之二，是滇越铁路及其沿途的旖旎风光。红河是云南最早对外开放的地区。由于红河面向东南亚的特殊地理位置，100多年前滇越铁路便被开通，成就了云南通向世界的便利铁路运输，"云南十八怪"中描述的"火车不通国内通国外"，就是形容红河州的这一景象。坐上穿越在青山绿水之间的百年滇越铁路上的米轨小火车，听着蒙自百年开埠通商的悠悠往事，想象着100多年前，多少人还不知咖啡为何物的时候，蒙自人已经在滇越铁路碧色寨火车站的咖啡屋里，品着热气腾腾的咖啡，在红土地的网球场上打着网球了。

红河呈现给世界的名片之三，是有着千年传承的古城风韵。中国历史文化名城、国家级风景名胜区建水，已有1200余年的历史，也是中国四大名陶之一——紫陶的发源地，民间流传"建水紫陶存茶，越存越香"。与建水山水相连的另一座历史文化名城石屏，因是云南历史上唯一的状元袁嘉谷的故乡而得名"状元故里"。古朴的石屏城至今依然保留着当年龟形城池的风貌，这里有着源远流长的历史和深厚的文化底蕴。漫步在建水和石屏，古街、古村、古桥、古井、古塔、古寺随处可见。这两座古城是滇南儒学教育的兴起之地，因美丽的高原湖泊异龙湖在建水和石屏两座古城之间，所以建水和石屏有"一湖两城"之称，"文献名邦"也是它们共同的美称。

红河呈现给世界的名片之四，是独特而美丽的自然风光。有"绿海明珠"——大围山、黄连山、西隆山等原始密林；溪谷山间，有300多种上亿只蝴蝶一起破茧成蝶、翩跹起舞，形成世界罕见的生态奇观的金平蝴蝶谷；有神秘莫测的喀斯特地貌的范本——"溶洞世界"的燕子洞、阿庐古洞、白龙洞和南洞等。

红河呈现给世界的名片之五，是多彩而璀璨的人文风光。红河州拥有众多特色旅游小镇，仅弥勒市就有4个：太平湖森林小镇、东风韵小镇、可邑小镇和红河水乡。虽处高原，弥勒却是难得的水乡，你可以在太平湖小镇邂逅动人的"太平公主"，去东风韵小镇感受"万花筒"的艺术气息，去可邑小镇跳一段欢乐的"阿细跳月"，在红河水乡领略市井凡尘的人间烟火，到湖泉半山温泉洗去一身疲惫，听着松涛打盹，拥着湖风入眠。还有其他特色小镇：团山民居在建水；郑营古村在石屏；城子古村在泸西；尼苏小镇在州府蒙自，坐拥高原湖泊大屯海，是高原人看海的好去处。

红河呈现给世界的名片之六，是让人垂涎欲滴、欲罢不能的美食。久负盛名的蒙自过桥米线，飘香万里的建水豆腐和石屏豆腐，上过央视的个旧斗姆阁卤鸡，屏边的白河凉鸡、黄鳝米线、"每周一锅"……都是一绝，都会让你回味无穷。

红河呈现给世界的名片之七，是多姿多彩的民族节日。红河州有20多个少数民族，多元文化集聚在这片土地上。各种民族节日在这里绽放——哈尼族十月年和矻扎扎节、彝族火把节、瑶族盘王节、苗族花山节、傣族泼水节……此时酣畅淋漓的斗牛比赛正在上演，人们在摇旗呐喊；彼时彝族烟盒舞、"阿细跳月"，哈尼族的铓鼓舞和乐作舞又在激情上演……建水文庙千人拜师礼的盛大场面让人肃然起敬。

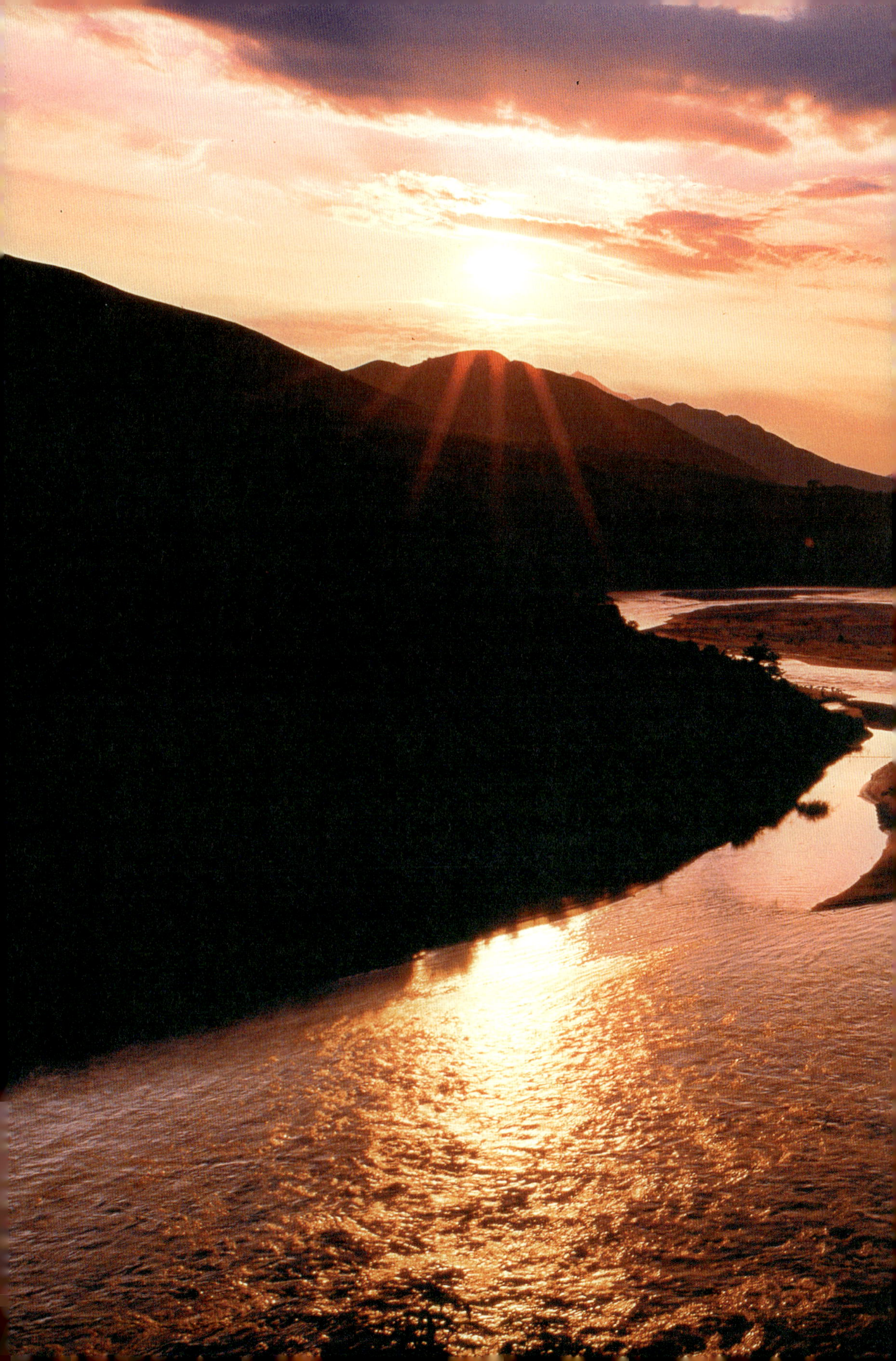

红河 白保兴/摄

红河的历史

红河,作为一条河流,它从高原奔腾而下,涌向大海的怀抱。

红河,作为一个地理名称,它在高原和大海之间,孕育着无限的美好。

红河州位于云南省南部,北靠昆明,东接文山,西邻玉溪,南与越南社会主义共和国接壤,边境线长 848 千米。下辖 4 市 9 县,分别为蒙自市、个旧市、开远市、弥勒市、建水县、石屏县、泸西县、元阳县、红河县、绿春县、金平苗族瑶族傣族自治县、屏边苗族自治县、河口瑶族自治县。州府蒙自市距云南省会昆明 243 千米,距越南首都河内 400 千米。

红河,作为中国云南省和越南之间的国际性河流,其历史可以追溯到西汉时期。从西汉到现代,红河及其流域一直是多民族、多文化交流和融合的重要地区。

红河州作为一个行政区域,历史沿革是一个悠久且复杂的过程,涉及多个历史时期的政治、地理和文化变迁。早在旧石器时代,红河沿岸已经有了人类活动。西汉时期,红河地区被纳入中央行政管理版图。东汉之前,这里开始了锡、银、铅矿开采,并以产锡著称。中华人民共和国成立后,1949 年 12 月,滇南人民行政公署在建水县成立。1950 年 2 月,改称蒙自区行政督察专员公署;同年 3 月,专员公署驻地由建水迁往蒙自;同年 12 月,蒙自区行政督察专员公署改称云南省人民政府蒙自区专员公署。1953 年 5 月 1 日,红河哈尼族自治区在元阳新街成立。1957 年 11 月 18 日,蒙自专区和红河哈尼族自治区合并建立红河哈尼族彝族自治州。1958年省辖的个旧市划归自治州领导，州府由蒙自迁至个旧。2003年1月29日，国务院批复红河州政府驻地由个旧回迁蒙自。同年11月18日，红河州举行迁移庆典活动，标志着蒙自正式成为红河哈尼族彝族自治州的新州府。

红河的源头起源于哀牢山崇山峻岭中的大理白族自治州的巍山县。奔腾的红河沿途滋养了万物，在河口与清澈的南溪河汇合后流向越南，再从越南奔向大海，所以红河是一条国际性的河流。浩荡红河水奔流南下，把流经的大地滋养成为一方沃土。红河在高原和大海之间，孕育着无限美好。中原文化与边地少数民族文化的融合铸就了红河多姿多彩的文化内涵，也让红河的多元文化呈现出许多让人应接不暇的欣喜，更让徜徉在红河人文历史、社会百态中的人穿梭于无限的遐想空间……红河是一个有着秀丽风光、璀璨文化、丰富资源、绿色生态、和谐宜居的地方。

红河历史悠久、文化灿烂。红河的文化旅游名片为"三千四百年"，即千年哈尼梯田、千年临安古城、千年建水紫陶，百年滇越铁路、百年开埠通商、百年云锡矿业、百年过桥米线。红河有中国共产党云南一大会址查尼皮、西南联大蒙自分校旧址等红色文化资源，有云南第一条铁路、第一个邮政局、第一个海关和第一家外国银行，是《四库全书》总阅官尹壮图、清末特科状元袁嘉谷、著名数学家熊庆来、抗日名将张冲等杰出人物的故乡。

红河州居住着汉族、哈尼族、彝族、苗族、瑶族、傣族等20多个民族，少数民族人口占56.99%，民族文化绚丽多彩。生活在这片沃土上的各族人民，用团结、和谐、包容捧回了"全国民族团结进步示范州"的殊荣。

CHAPTER 02

"最云南"的红河
如此多娇

云南，人与人有可能被山川、湖泊隔开，但森林不会，树木不会。森林围绕着山川、湖泊，树木手牵着手，根连着根。

撒玛坝梯田 胡艳辉/摄

红河州虽然以著名河流红河命名，但是它的州府所在地名字并不叫红河，而叫蒙自。在红河州下辖的13个市县中，有一个县的名字就叫红河，红河县位于红河南岸，是一个距离红河州州府蒙自市100多千米的县城。红河州于云南是一个独特的存在，云南的所有地理、气候等特征，在红河州几乎都可以找到，从而形成了红河州多姿多彩的自然风光。

碧色寨：穿越时空的时光机

碧色寨于蒙自、于百年滇越铁路来说，都是一个神秘的存在。

碧色寨作为百年滇越铁路上的一个火车站，在沉寂了百年后再次被翻红，得益于一部叫《芳华》的电影。这部把碧色寨作为取景地之一的影片，是一部考问"战争与和平""爱情与婚姻""人性与道德"的影片。人们在影片里看到了青翠欲滴的崇山峻岭中，两条乌黑的铁轨伸向无垠的远方，铁轨的深处是更多交错的铁轨。一片棕黄色的法式建筑，尖尖的屋顶、斑驳的墙面，散发着岁月沧桑的青石板站台……这样的景色在夕阳的照耀下，本来应该美得触目惊心，但由于战争的到来而改变了一切：震耳欲聋的炮火、人们撕心裂肺的叫喊、惊慌失措奔跑的脚步、躺在担架上缠着绷带的士兵……视觉效果太震撼了，走出影院的人们，一下子记住了崇山峻岭中的那一片棕黄色的法式建筑，还有法式建筑包围着的那些乌黑的铁轨。仔细回想，那些铁轨好像不是常见的普通的铁轨，它好像比我们常见的普通铁轨窄了一些，到底窄了多少呢？

至此，有人想到了"云南十八怪"中描述的"火车不通国内通国外"的滇越铁路，一条举世闻名的米轨铁路。

青翠欲滴的山林、法式建筑、绿皮火车、乌黑的小米轨、红土网球场，身着二十世纪七八十年代草绿色军装的俊男靓女……一下子，所有的时尚元素都齐了，碧色寨随着一列列满载伤员的绿皮火车，从历史的深处再次呼啸驶来。

蒙自人一下子发现，时尚的巅峰一直就在自己的身边，不管我们看到还是没看到，感受到还是没有感受到，它就在那里，静静地在那里。百年的时光，时尚的气质一直定格在碧色寨的一草一木、一砖一瓦里。

漫步在今天的碧色寨，随处可见穿着民国时期学生装的游人穿梭在碧色寨的车站附近，人们就这样在窄窄的米轨间走来走去，仿佛碧色寨从来没有年轻过，也从来不曾老去，碧色寨就一直在那里。

一列货运列车虚张声势地鸣着笛从远方驶来，游客们纷纷闪到铁轨旁边，抻长脖子眺望着、期待着一列呼啸而过的火车，在人们从"读秒"变成"读分"的漫长等待中，一列货运列车终于慢悠悠地、不急不躁、平静而从容地迎着游客们相机的镜头，像走红毯的明星一样骄傲地慢慢远去。

这列穿越游客们相机镜头洗礼的列车，自然有它骄傲的理由。

1909年，也就是清宣统元年的闰二月廿五，滇越铁路通车至碧色寨车站。这一天，蒙自风和日丽，这列100多年后仍骄傲地穿越游客们相机镜头洗礼的列车，在100多年前如钢铁巨龙般从越南海防咆哮着驶入云南腹地，惊扰了沉睡千年的古滇梦

■带一本书去红河

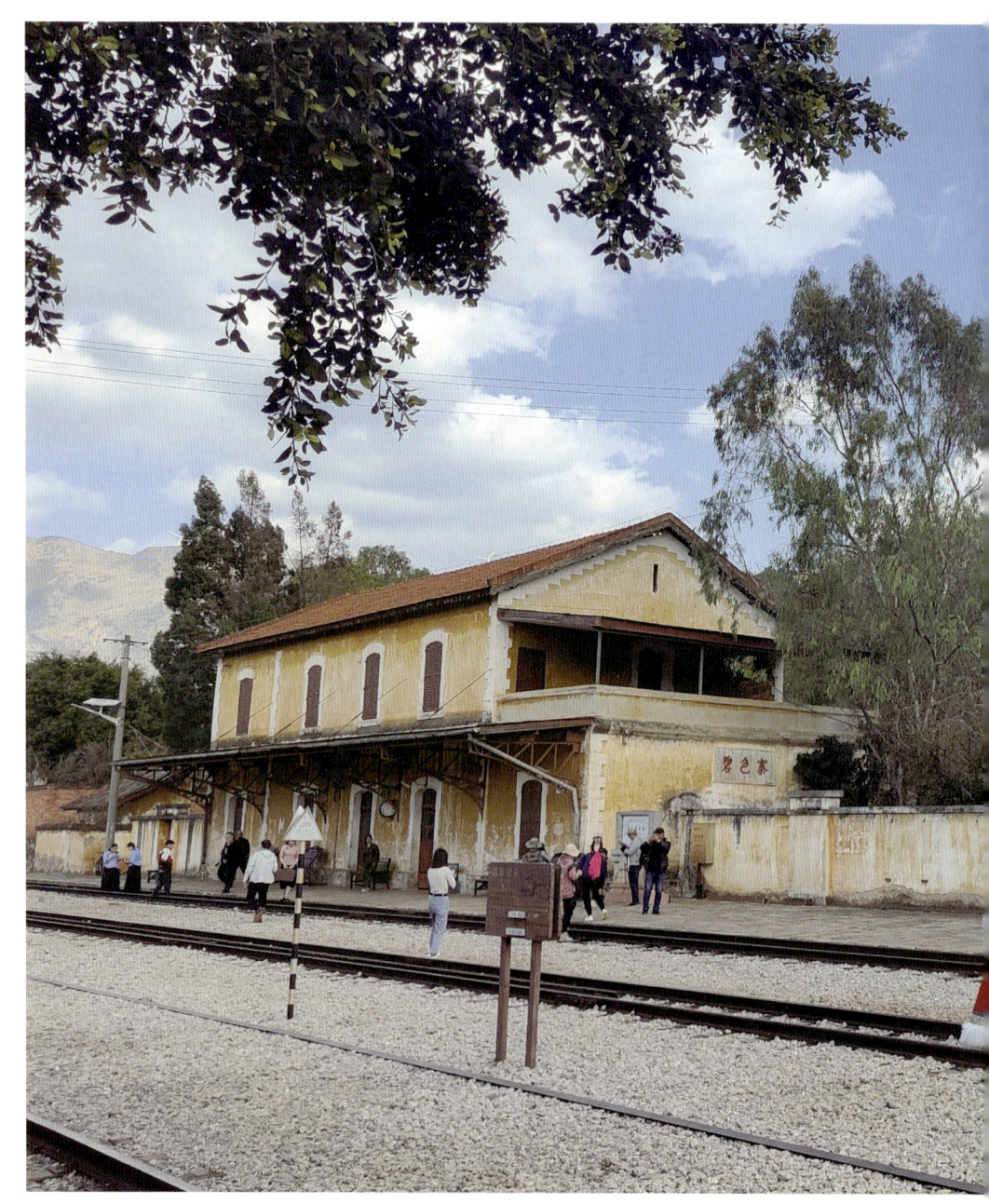

碧色寨车站 王若杰/摄

"最云南"的红河如此多娇

碧色寨三面钟 佴斌/摄

碧色寨车站 汪力/摄

境。大山的世界被火车的汽笛声喊醒。

米轨滇越铁路与个碧石寸轨铁路在蒙自碧色寨交汇换装,让米轨、寸轨在北回归线上的碧色寨编织成一个钢的结。

碧色寨火车站,是滇越铁路滇段唯一的一个特等站,作为云南省会的昆明,那时也仅是一等车站而已。碧色寨距蒙自市区11千米。碧色寨火车站是一幢红瓦黄墙的两层法式建筑,墙上镶嵌着一只经典的法国三面钟。

碧色寨这个滇南山寨,奇迹般地成为百年前东西方冒险家们的赛场与乐园。在这里汇聚了各种肤色、各种语言和各种行当的人群,国内外商号、公司应运而生,著名的就有蒙自海关碧色寨分关、云锡公司转运站、大通公司、三达公司、亚细亚公司、美孚水火油公司、德士古水火油公司、加波公司、哥胪士酒店等。碧色寨一分为二,东面是法国式的火车站、公司建筑,西面是中国式的商号、民居建筑,东西方文化在方圆两平方千米的小山村碰撞,吃面包、喝咖啡、品红酒、养奶牛,甚至打网球都在这里兴起。那时在国内大城市见不到的西洋生活物品,在滇南碧色寨山村却习以为常。抗日战争期间,美国飞虎队在碧色寨设立物资中转站,至抗战结束才撤离。繁荣 30 余年的碧色寨火车站逐渐萧条,外国人走了,生意人走了,干苦力的也走了,但还是有很多到碧色寨创下家业的外地人选择留下来,如今成为碧色寨的老村民。

历经百年的风雨沧桑,今天的整个碧色寨仍散发着一股颓废而浪漫的法国情调,让人思绪万千。

今天仍在发挥着运输功能的碧色寨火车站,是滇越铁路上最大也是最富传奇色彩的火车站。这个历经百年沧桑的火车站，不仅诉说着米轨与寸轨的传奇故事，更承载着中国铁路的百年梦想。生活在碧色寨的每一位老人，都能讲述一些与小火车有关的奇闻轶事，让滇越米轨铁路、个碧石寸轨铁路的正史与野史相得益彰，充满韵味。

哈尼梯田：大地雕塑

我猜想很多人在没有真正走进祖国大西南边陲的哈尼山寨之前，不知道哈尼族竟是一个国际性的民族，在全世界哈尼族人口有200多万，居住在中国广袤大地上的哈尼族有130多万人，其余分布在越南、泰国、缅甸、老挝等国家。让人惊叹的是，无论在世界的哪个角落，哈尼语竟是相通的。

当人们站在元阳县连绵起伏的哀牢山脉之巅一个叫老虎嘴的地方时，心底会涌上久违的激动……天是那么蓝，又是那么辽阔。静静地凝视梯田，自己仿佛已与蓝天融为一体……在大山的脊梁上，是满目的梯田。那一座座如巨浪狂涛的山峦，从山脚到山顶，一层层、一块块、一条条、一级级都是绵延无尽的梯田。一块块经过修整的梯田已灌满了水，正准备再次孕育丰收。这就是梯田，元阳的哈尼梯田，世界文化遗产哈尼梯田的核心区。

午后的阳光如碎金般撒向大地，连绵山峦上的梯田魔镜般闪耀着让人惊心动魄的光。老虎嘴约4平方千米连片的梯田，大的一块数千平方米，小的一块如桌面；少则一坡上百级，多则一

■带一本书去红河

山上千级……流连梯田间，蜿蜒的田埂让人辨不清东西南北，清澈的水中有鱼儿在游来游去。极目远眺，山顶上有茂密的森林，森林下是一片一片独具特色的哈尼族"蘑菇房"，那便是哈尼山寨。山寨中不时隐隐约约有鸡鸣狗叫声和着孩子们银铃般的笑声传来，山寨的下面就是梯田，在山谷的谷底，有河流静静流淌……很多看过哈尼梯田的人脑海中会有一个又一个的疑问：为什么梯田的上方没有水库，也没有大江大河，而梯田里却有水？地处偏僻的哈尼人，又是凭着怎样的意志、智慧和力量，开垦出养育了

老虎嘴梯田 龙俊/摄

世世代代哈尼人的如此壮观的梯田？他们又是怎样实现了人与自然的和谐相处？去看过多次梯田后我才明白，哀牢山顶的茂密森林是水的源泉。由于红河哈尼族居住的地方多为海拔较高的山寨，山高坡陡，山脚为河谷，立体气候明显，河谷干热的气候使江河水大量蒸发，在蒸发的过程中遇山顶的冷空气后形成云雾，继而凝聚成雨水，倾泻下来，滋养了亘古以来的广袤森林。又由于森林巨大的贮水作用，使得这些降雨在高山森林中形成无数溪流、泉瀑、龙潭、池塘，无数溪泉沿着千沟万箐潺潺而下，滋润了梯

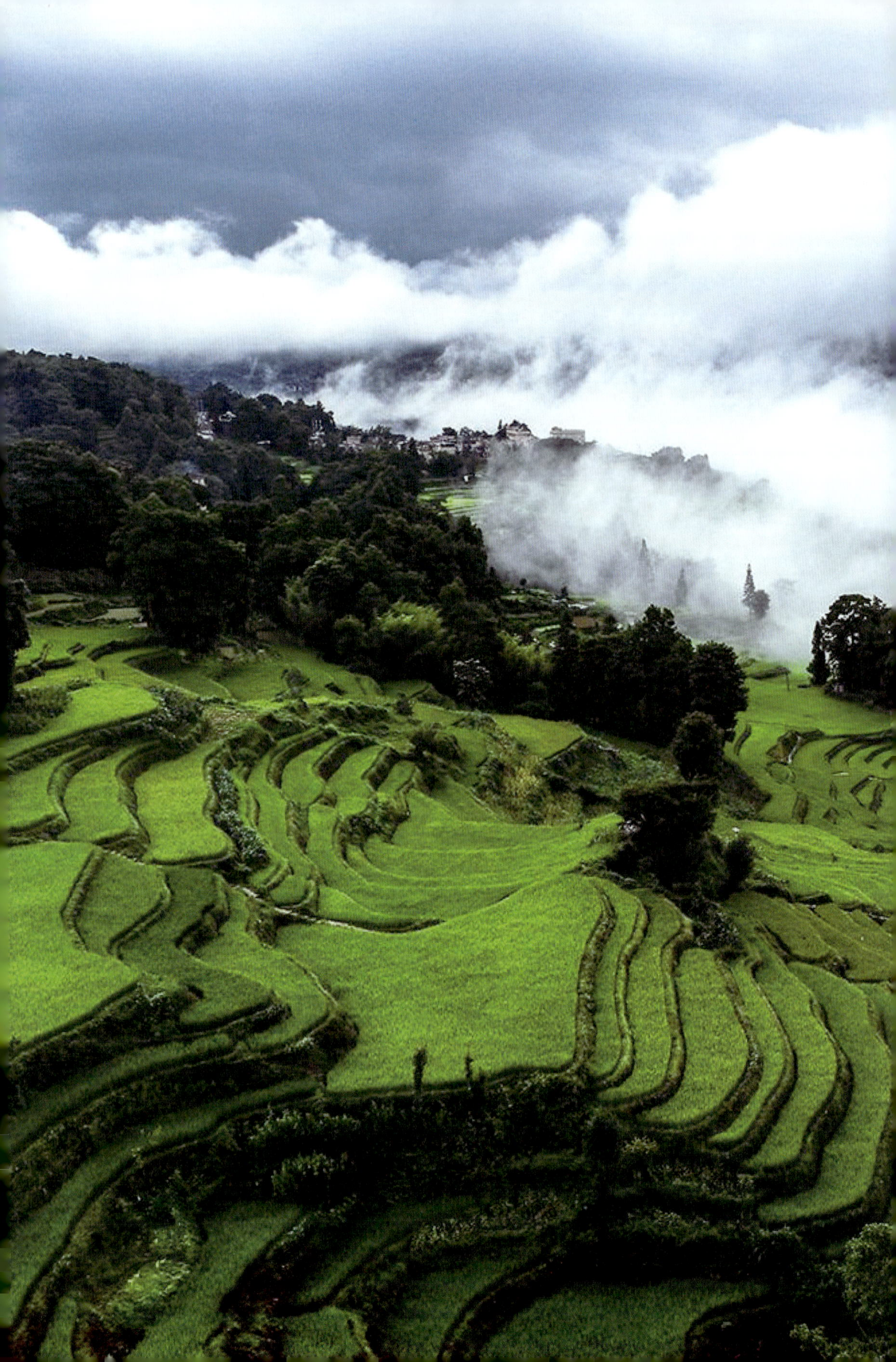

哈尼梯田 罗正恒/摄

田。通过森林、村寨、梯田、江河四循环，构筑、滋润了哈尼梯田，也孕育了深厚的哈尼梯田文化。而半山区云雾升腾沉降形成随处可见的云蒸霞蔚、变幻莫测的云海奇观，将森林、村寨、梯田掩映覆盖，使人赏心悦目，美不胜收。

两千多年前，哈尼族的祖先从遥远的北方穿越崇山峻岭，迁徙到今天居住的这块山高谷深、沟壑纵横、森林密布的土地上，因为他们已经没有了游牧的草原，为了生存，哈尼族的祖先在这片土地上挖下了第一块梯田。一个迁徙的民族，至此，停下了脚步，享受甜蜜幸福的生活。

今天的哈尼山寨，孩子们依然会玩一种大约延续了两千年的游戏——小男孩们在场院门口的空地上挖出象征性的小梯田，在上面玩开沟引水、挖田种谷的游戏。小女孩则背着小笆箩，在男孩开的小梯田里"摸螺蛳、拿黄鳝、撮泥鳅……"，透过孩子们的每一个动作，人们明白了哈尼梯田的起源。

站在哈尼梯田历经千年沧桑而不渗漏、不溃决、不倒塌的坚实田埂上，会感觉脚下的每一蹬田埂都是哈尼人的脊梁，每一块梯田都是哈尼人祖祖辈辈用血汗和生命垒成的。祖先的伟大力量已经镌刻在大山之上，成为哈尼人永远的骄傲和光荣。

当然，请不要以为哈尼梯田就是一个沉重的话题，哈尼梯田和所有古老而神奇的土地一样，也在不断演绎着浪漫的经典故事，哈尼姑娘、小伙的淳朴爱情故事在此不说，这里要告诉读者的是一个来自浪漫之国——法国的爱情故事。21世纪的初始之年，一位法国小伙随旅行团，偶然走进了红河哈尼梯田，一下子就被壮观的梯田美景所征服。然而，归期已定，法国小伙不得不离开

梯田森林 卢维前 / 摄

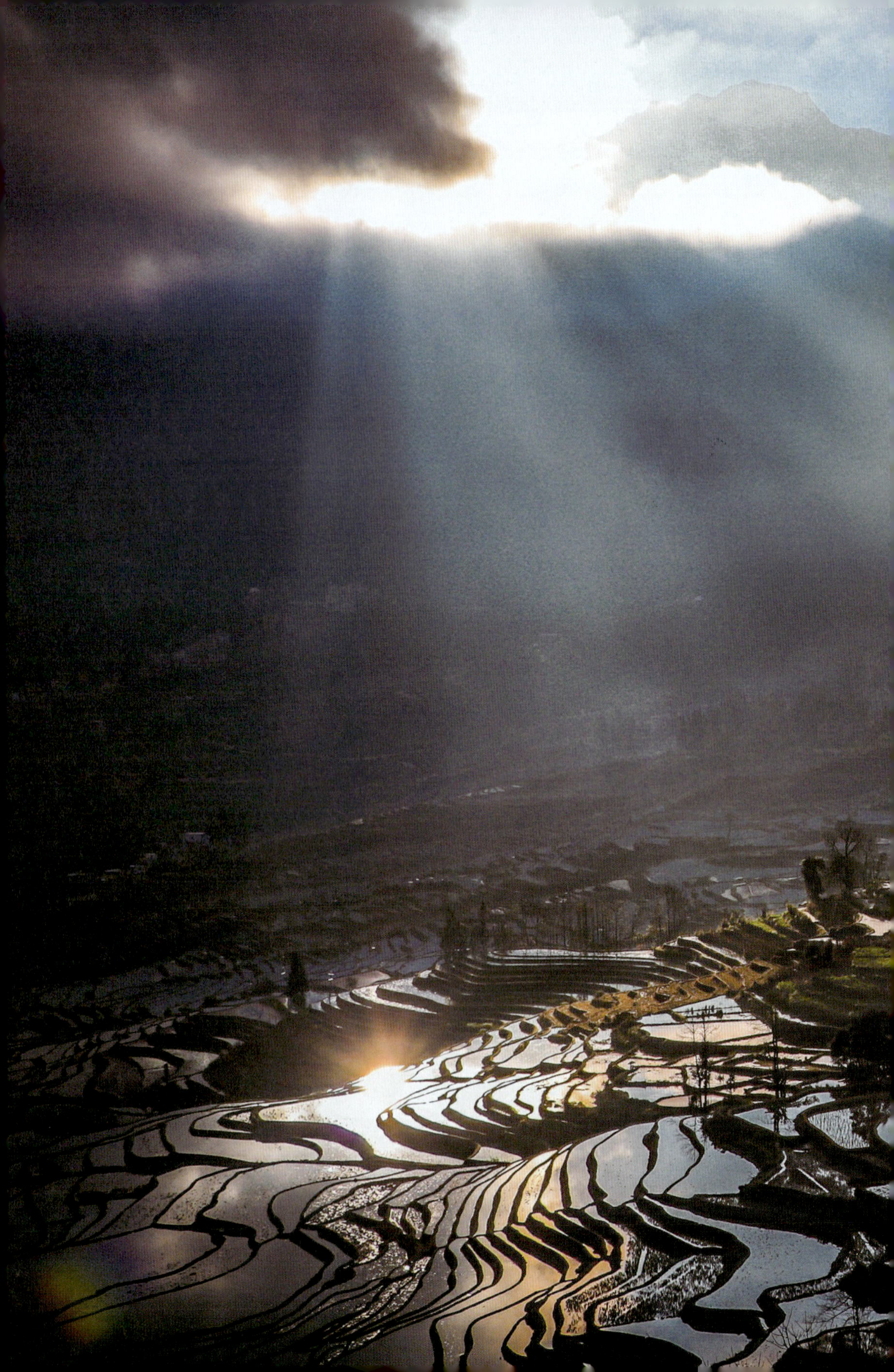

多依树梯田 龙俊/摄

梯田。一个月后，法国小伙再次来到让他魂牵梦绕的中国红河哈尼梯田。这次，他带来了他美丽的未婚妻，在老虎嘴大约4平方千米茫茫梯田的见证下，他们在梯田旁的田棚里举行了婚礼，并在梯田的陪伴下度过了他们终生难忘的蜜月。

观赏哈尼梯田，最直观的就是看梯田壮美的日出日落，看大地雕塑与光影艺术的沙画般的流泻创作。在元阳看哈尼梯田，有着"日出多依树，日落老虎嘴"的说法。说的是观赏梯田日出要到多依树，拍摄梯田日落则到老虎嘴。

多依树最美的时刻，就是日出的刹那。从日出前一刻钟，至第一束阳光刺穿云层，这真是摄影的黄金时间，多依树梯田将会在这一瞬间，完成一次最美光影的呈现。

在摄影者眼中，哈尼梯田景观是有最佳观赏拍摄时间的。一年中最好的季节是11月至次年4月间，这时候梯田里没有稻谷，还灌满了水，使梯田层层透亮，光影效果极佳。初春时节，野樱花、木棉花、野桃花、棠梨花等，争奇斗艳，开满哀牢山岭，点缀着哈尼梯田，让哈尼梯田景点更加秀美、更加醉人。在这期间，梯田间的云海也更壮观，所有的哈尼梯田，每天都要在云海中沐浴，缥缈得恰似坠入仙境。

如果你是初夏时节才得以和哈尼梯田相遇，也大可不必遗憾，此时的哈尼梯田，又是另一番美丽景象。秧苗刚栽下，看不到那种波光粼粼的景象，但有秧苗中间透出的田水，映衬出少许白色的云朵。放眼望去，都是一色的碧绿，绿得生机盎然，绿得朝气蓬勃。绿色，生命之色，养眼养心。

入秋后的哈尼梯田，又是一片金色的海洋，微风过处，满眼的金黄此起彼伏，山峦竟带黄金甲的震撼让人感慨万千。在这金色的世界里，人们无拘无束地尽情游玩，尽力挥洒，放声大喊。面对大自然，人们再怎么放肆也都显得渺小、单薄、微不足道。

说不尽的哈尼梯田，看不够的哈尼梯田，它是大地的雕塑，是哈尼人勤劳智慧的结晶。

大围山：云贵高原上的动植物基因库

屏边大围山，是一个只要置身其中，就能感觉到全身每一寸肌肤都被琼浆玉液滋润着的地方。

屏边是红河州13个市县中第一个获得"国家级森林氧吧"称号的县城，当然现在的红河州所有市县都获得了"国家级森林氧吧"称号。

在云南，人与人有可能被山川、湖泊隔开，但森林不会，树木不会。森林围绕着山川、湖泊，树木手牵着手，根连着根。

屏边是古丝绸之路的必经之地，是通往东南亚各国的陆上交通要道。

如果说屏边是地图上的一片绿洲，那么位于屏边的国家森林公园大围山，就是云贵高原上的一泓琼浆玉液。

一进入屏边，就进入了满目苍翠的世界，而进入大围山，便是进入了森林的世界。这里是名副其实的"天然大氧吧"，在这里我们能够明显地感觉到嘴唇温润，呼吸干净顺畅，鼻孔潮湿，仿佛身上的每一个毛孔都张开了，之前因缺水而干燥又惰性的肌肤，遇到了充足的水分，一下子变得活跃而饱满，并润泽起来，能感觉到每一个细胞都在呼吸。不一会儿，肌肤经过琼浆玉液的滋润，变得细滑，变得柔软，变得水淋淋的。

在这里，大地山川是活着的，树木水草是活着的，天地万物都是活着的。高山河流被创造出来，仿佛就是为了孕育滋养大围山这一泓琼浆玉液。

每一个进入大围山的人，都会有切身的体会，在这里仿佛空气都是可以拧出水的。森林翠绿，空气潮湿饱满。最为明显的是，山顶雾气浓厚，湿答答的，像是一碰就会淌出水来。

大围山，以一种潮湿、温润的姿态，悄无声息地进入我们每个人的身体；又以一种博大、包容的姿态，生生不息地滋养着天地万物。

大围山 张洪科/摄

在大围山，人在山中走，可以无拘无束地去接近大围山的森林、旷野、山川、泥土、动物、植物、光线、空气……

身处如此苍茫的原始森林中，个体不得不感叹生命的渺小。

大围山有滇南"动植物基因库"之称，生物的多样性使大围山成为植物博物馆、动物博物馆。大围山有太多未知的领域需要人类去探索。

大围山国家级自然保护区总面积约440平方千米，森林覆盖率81.5%。由于特殊的地理位置，这里孕育了我国大陆唯一分布的热带湿润雨林和我国最完整的热带山地森林生态系统垂直带谱。在地质史上因未曾遭受第四纪冰川的侵袭而成为众多孑遗、古老、珍稀濒危和特有植物的避难所。大围山是我国森林资源精华所在，也是我国乃至世界植物多样性最为丰富的地区之一。

在大围山，我们最好不要去触碰任何一株植物，也不要去妄想抓捕一只从你身边掠过的飞禽走兽。因为你都不知道你无意中触碰到的植物，会不会是世界上最珍贵的一类重点保护孑遗植物，万一我们掐断了"植物界的大熊猫"，那又如何是好？而飞禽走兽，更是看看就好，因为你永远不是它们的对手，它们身手敏捷的程度，很多时候要用迅雷不及掩耳之势来形容。

徜徉在大围山的怀抱，每个人对动植物的认知，都会在不断地更新和增长。大围山，是自然山水，是动植物的基因库，是天然的大氧吧，也是动植物艺术的天堂。自然万物，需要精神和灵魂参与进来，创造出新的认知。

在大围山，常常会碰到时隐时现的浓雾。站在山顶开阔处，有村庄在浓雾里时隐时现，据当地人说，那里就是河口了。有鸟

■ 带一本书去红河

"最云南"的红河如此多娇

大围山云海 李关伟/摄

■带一本书去红河

停在树枝上，喳喳地叫着。这样的时刻，踩着青草或者枯木行走，是一种惬意的感觉。抬头向上望去，依稀可见有一条路通向山顶的瞭望塔。瞭望台那边，就是越南了。山连山水连水，自然的山林大地、江河湖海是连在一起的。

在潮湿茂密的森林中行走，遇到菌子是自然的。云南人叫作菌子的植物就是东北人口中的蘑菇。如果还没到雨水铺天盖地落下来的季节，说明菌子大片大片生长的季节还没到。万物生长的规律，都得应季而生。每一个到大围山的游人，虽不一定会捡到能食用的菌子，但一定会碰到很多披着华美外衣的不知名的菌子。也不知道是有毒无毒，多数人是不敢捡也不敢吃的，拍张照发个朋友圈炫耀一下倒是可以的。欣赏大自然的馈赠，不一定要用嘴，很多时候我们需要发现美的眼睛。

在大围山，穿行在郁郁葱葱

"最云南"的红河如此多娇

大围山雪景 黄俊峰/摄

的原始森林中，只要你有一双发现美的眼睛，迷人的景象随处可见。那些生长其中的树，虽然已经有几百年甚或几千年，但是它们似乎一直保持着年轻的姿态，那些腐木上长出的小树苗，就是年轻的见证；那些倒下的大树很多，千年的树木，寿终正寝，分解变成森林的养料。不知是哪阵风吹来的种子，还是哪只小鸟叼来的种子，落在枯朽的腐木上，会长出许多小树苗。除了小树苗，腐木上还会长出许多花花草草和一簇一簇的菌子，让人对其化腐朽为神奇的功力惊艳万分。

往大围山森林的深处走去，你或许想象着会遇到一头凶猛的野兽，豹子、野猪、豺狼，或者一只温顺的麂子，抑或一只羽冠漂亮的鸟类。其实是我们想多了，听当地人说，现在在大围山上很少会碰到熊、豹子、狼等凶猛的野兽，猴子、小黑鹿、麂子倒是会经常碰到，最常碰到的当然就是可爱的小松鼠啦。

在大围山行走，相当于在"桫椤王国"穿行，仿佛重返了"侏罗纪"时代。大围山的原始森林里，随处可见被称为"活化石"的濒危植物桫椤。由于地理位置的特殊性，大围山未曾遭受到第四纪冰川的侵袭，成为众多古老植物和珍稀特有物种的避难所，被誉为"珍稀动植物基因库"。作为《世界自然保护联盟濒危物种红色名录》在列的水晶兰，已于2022年在大围山首次被发现。

一片桫椤的叶子、一株水晶兰、一朵野生的木耳、一棵银线草，抑或一只白鹇鸟、一只蜂猴、一只小黑鹿、一只小松鼠，它们都有共同的家园——大围山。

建水燕子洞:"亚洲第一洞"

不管你是到红河州旅游还是旅居,或者只是路过,但只要你关注红河州,溶洞都是绕不开的一个景点,几乎所有进入红河州的游客,都会打卡溶洞。不管是号称"亚洲第一洞"的建水燕子洞,还是有"云南第一洞"美誉的泸西阿庐古洞,再或者是朴素直观的开远南洞,总会有一个洞激起你探索的欲望,让你欲罢不能。红河州的所有溶洞,因为都是喀斯特地貌形成的,洞内全部是钟乳石,配上彩灯,如同《西游记》里的妖王洞一般,斑斓奇幻。但每个溶洞又都美得各不相同,可以说是各美其美,美美与共。

燕子洞位于有国家级风景名胜区头衔的建水县,是国家4A级旅游景区,有高速公路通达。

燕子洞是西南地区保护最完好、容量最大、洞内景观最丰富的溶洞群。洞中有水,洞中有洞,洞顶倒挂钟乳石千姿百态,自成独立景点达几十处之多,恍若置身琼瑶仙境,是一座名副其实的"岩宫石府"。

燕子洞既可步行从旱路进去,亦可乘舟顺流而入。整个水洞有大小厅堂数十个,景点数百个。景区内的绝壁琴钟、玉清池、三贤鼎立、石坡天惊、天生桥等数百处景观,让人惊叹不已。此间流传的美丽动人的传说更让人心驰神往,灵蛇化龙惊心动魄,木石前盟悱恻缠绵,郎女成桥凄婉动人,姜女望夫哀怨寂寞。总之,这里沟、水、洞、林兼备,雄、奇、秀、幽毕集。

建水属亚热带气候,年平均气温19.8℃,是典型的四季如春的地方,但建水四季如春并不等于没有四季。在感受季节变化的问题上，动物和植物远比人类敏感。每年逢春，最早给建水报告春天信息的，并非风，并非雨，并非建水人的着装，而是燕子归来和枝头初绽的嫩芽。

正值黎明时分，建水人刚刚睡醒，就听到一片呢喃之声由远及近而来，起身推窗，加入一场迎春的仪式。很快，天地间充塞了燕的呢喃，声声呢喃最初以细雨飘洒的形态出现，紧接着群燕的影子真的就如一场春雨铺天盖地般降临了。天下之大，然燕子们偏偏钟情于建水这片山水。它们如约而至，或者说它们共同完成了一次集体远游，现在回家了，回到以它们的名字命名的巢穴——燕子洞。这是大自然赐予它们的家园，至于它们何时定居于建水，连建水人也无从得知，建水人只看到是千树万树的桃花、梨花迎接燕子回来的。

燕子生命中的许多环节都是在飞行中完成的：在飞行时捕食，那种貌似闲散的姿态原来是在寻找飞虫；在飞行时采集砌巢用材，等待松针或松毛自然掉落，然后在空中一口接住；在飞行时交尾，这是充分展示燕子飞行绝技的动作，这当然有难度，难在两只燕子的配合，更难在雄燕一厢情愿的追求。

在建水，燕子几乎无处不在。天空、大地、山川，到处都有燕子的身影连同燕子的啼鸣和气息。

建水的燕子，有一个诗意的名字，叫"白腰雨燕"。

燕子洞比其他溶洞更胜一筹的，正是它有这几百万只可爱的燕子。千姿百态的燕子，与溶洞中万年不变又沉默不语的钟乳石相比，它们就是一个个活着的精灵。虽然溶洞中的钟乳石据考证也是每年都生长着的，但是它们生长的速度确实太慢了，它们要

"最云南"的红河如此多娇

建水燕子洞 卢维前/摄

■ 带一本书去红河

等着溶洞中的石灰岩水一滴一滴地滴下来，慢慢沉积，才能生长一点点，所以钟乳石一般需要几千年上万年才能长出一厘米，其生长速度常常被人们忽略不计。

每年春季，数百万只白腰雨燕从马来西亚、印度尼西亚等地飞聚于建水，筑巢孵卵。每个到燕子洞的游客，除了感叹燕子洞的宏大壮观、斑斓奇幻，也许最令人难忘的就是那数百万只燕子了。它们一边上下飞舞，一边呢喃如语。那叽叽叽地鸣叫声和洞内的流水声一道汇成一曲别致的交响曲，令人浮想联翩。

建水燕子洞 建水县委宣传部 / 供图

泸西阿庐古洞:"云南第一洞"

在说阿庐古洞之前,先从《徐霞客游记》和泸西县编撰的一些书籍中,通过文字还原一下明朝的那些事。大明王朝万历年间,徐霞客高大的身影,穿越山水而来,伫立于风中,满脸风霜,若有所思。大明王朝时期,这个地方还不叫泸西县,而叫广西府。一些记载中纠结的往事,或许曾令徐霞客恼火。此时看来,却更像是天与人都要留他多住几日的另一种热情和关照,好让伟大的旅行家与阿庐古洞有一种深深的缘分。

阿庐古洞的洞口就在泸西城西五六千米处,徐霞客曾借着火把进入。在徐霞客的游记里,那时的阿庐古洞还叫泸源洞。他在初十日的游记里写道:"乱峰杂沓,缀以小石岫,皆削瓣骈枝,标青点翠。"

今天的我们很难想象当年徐霞客仅借助一支火把和一双肉眼,进入阿庐古洞,竟然把一个山体溶洞的大致方位及形状摸清了。徐霞客简直就是一个判断地理方位的超人,他所丈量和记录的阿庐古洞和我们今天看到的几乎一样。"泸源之洞,辟于层崖,有三洞焉。上洞东南向,前有亭;下洞南向,在上洞西五十步,皆在前山之南崖。后洞在后山之北冈,其上如督干枯井。"同时,他又指出了三个洞所在的方向:"从朝北坠穴而下二十步,底界而成的脊,一穴东北下而小,一穴东南下而廓。此三洞之分向也。"

在徐霞客进入阿庐古洞300多年后的二十世纪八九十年代,伴随着改革开放的步伐,人们想要到外面的世界去看一看。红河是典型的喀斯特地貌,青山隐隐处,悬崖峭壁间,那些雄鹰和蝙蝠出没的地方，隐藏着一个又一个溶洞。在洞里，我们都能找到与"石"成为词组的一排排词语：石象、石狮、石马、石帘、石伞、石床、石棺、石人、石柱、石乳……它们统称为钟乳石。但凡是在人间有着相像的一切物什，都以坐化的形式深藏于黑暗中，只待后人来开启。写尽天下情爱故事的台湾著名作家琼瑶，在游完阿庐古洞后留下8个字：奇山、奇水、奇洞、奇观。对爱情极富想象力的琼瑶，在面对自己未曾见过的山水溶洞，竟也词穷，用了四个"奇"字来表达她心中的诗和远方。

阿庐古洞为十八洞群中的主体洞群。古洞四周山环水绕，峰峦起伏，绿树掩映，景色清秀迷人。目前开发开放的阿庐古洞含三个旱洞，一个水洞，分三层排列。第一层为泸源洞、玉柱洞，第二层为碧玉洞，第三层为玉笋河。泸源洞、玉柱洞递次相连，玉笋河入口位于玉柱洞纵深100米垂深15米处。碧玉洞与玉柱洞出口相距200余米。三洞一河相互衔接，既浑然一体，又风格各异，形成一个层次迥然、洞洞相连、洞中有洞、洞中有河、洞中有天，极富观赏价值的溶洞群。

泸源洞全长700余米，由大小10余个厅堂组成，最大的厅堂有300余平方米，是一个典型的厅堂式溶洞。

玉柱洞位于泸源洞之后，全长800余米，由大小不等的数个大殿堂组成，最大的殿堂有600余平方米，是典型的殿堂式溶洞。

碧玉洞位于阿庐里后山，距玉笋洞后洞口200余米。古时因人迹罕至，常有野猫出没洞中，所以人们又称为"野猫洞"。洞长800余米，石钟乳、石笋洁白透亮，玲珑晶莹，洞穴狭长幽深，是一个典型的峡谷式溶洞。

玉笋河位于泸源洞、玉柱洞的下层，进出洞口均在唐仙大殿，河在洞中，洞长400余米，水深3～5米，宽5～8米，河水清澈见底。顶部石笋、石钟乳倒映水中，妙不可言。乘船游览，如进入清凉世界，使人心清气爽。

阿庐古洞中最为神奇的是岩壁上的一个酷似男性生殖器的钟乳石，因其太逼真而让很多人看得面红耳赤，这个巍然挺立几万年、雄视人间的钟乳石，当地人叫它"天造神物"。但在溶洞中，哪一块石头不是天造神物呢？要说巧，倒是天造神物的旁边，造物主又给它安放了两块酷似女性乳房的钟乳石，当地人叫它"生命之源"。在灯光的巧妙作用下，这两块酷似女性乳房的钟乳石浑圆饱满，右侧又像女性的玉户，神形毕现。在这一区域徜徉，

阿庐古洞 泸西县委宣传部/供图

■带一本书去红河

仿佛生命的起源都在这里有了一个清晰的交代。

要说阿庐古洞的"奇",应该奇在洞中清澈见底。河水里生活着一种透明鱼,据说这种连五脏也清晰可见的透明鱼,因为常年生活在黑暗中,眼睛已经退化了。如大千世界所相,无用的东西渐渐就被淘汰了,如果还有需要,将以另一种方式重新返回。透明鱼额头上长出的肉角,就成了它认知世界的触觉,按生物学家们的研究解释,透明鱼是鱼类的活化石,是鱼类在地河中生存发展演化而成的品类。

泸西阿庐古洞 张家翰/摄

百年传奇的东风韵:"我爱你"

弥勒是全国唯一一个与"弥勒佛"同名的城市,来到弥勒,很多人第一个想到的是东风韵。这是一个很具传奇色彩的地方,它原来是一个种植葡萄的地方,后来成为国有农场,名叫"东风农场",现在改名"东风韵",说明它已经蜕变升华为一个艺术家的摇篮。

今天的东风韵设计别具一格,有独树一帜的万花筒艺术馆、牛哆啰音乐农庄、半朵云艺术馆等独一无二的建筑,还有大片大片的花海……山坡上那一大片紫色的花海,远眺时会以为是薰衣草,近看才知是弥勒本地的马鞭草。原本这里是种了薰衣草的,

弥勒东风韵——"我爱你"　王若杰 / 摄

带一本书去红河

结果薰衣草这种外来物种太任性，还闹水土不服，死活不在这片土地上开花……不愿开花种你干吗？结果更任性的弥勒人一转身就把薰衣草换成了同样开紫花的本土物种马鞭草，这一换就合适了，花开如海。

在大片紫色马鞭草灿烂的腹地，有一条铁轨，每一条枕木上都用不同的文字一目了然地写着我们很多时候想说却终是没有说出口的三个字："我爱你。"

这么多"我爱你"明目张胆且肆无忌惮地集中在一起，就很震撼人心了，况且又在大片紫色马鞭草灿烂的腹地，那份浪漫情调不言而喻。无疑，在这样的地方如果邂逅了喜欢的人，如果还要把那三个字"我爱你"埋在心底，辜负了良辰美景不说，更辜负了设计者的良苦用心。

"我爱你"三个字本来是泛指的，但我们很多时候却专用在爱情上。追根溯源，东风韵与葡萄有关，与葡萄酒有关，与爱情有关。

先说一个与葡萄酒相关的爱情故事。

没有葡萄，就不会有葡萄酒"云南红"。

故事的时间大约是1846年春天，场景在云南美丽的香格里拉，神秘的梅里雪山脚下一个藏族村庄。传说中，葡萄正是这个时候被人们从遥远欧洲的浪漫国度法国带来梅里雪山脚下的茨

"最云南"的红河如此多娇

弥勒东风韵 李昱廷 / 摄

■ 带一本书去红河

中，后来一位植物学家在大约100年后的20世纪50年代来到茨中，看到法国葡萄在此生根，大为惊讶，摘了一枝种在自家园中，后来植物学家又把葡萄藤带到了东风韵……

传说中，与葡萄、葡萄酒有关的爱情故事发生在1953年。当年，在茨中的一位美丽的法国小姐与一位高大英俊的中国藏族青年相恋，后来这位美丽的法国小姐不得不离开中国，分别在即的一对恋人，在肝肠寸断之时，金发碧眼的美丽法国小姐将一口酿葡萄酒的锅送给她深爱着的中国藏族青年。

半个世纪后，早逝的法国小姐的亲朋来到千万里之外的中国小村庄，想看看那一口锅和它的主人。50年的风霜雪雨和思念煎熬，已使当年高大英俊的青年变成满脸沧桑的古稀老人……50年来，老人一直将那口锅放在自己床底枕头下的位置，当是枕着自己的恋人……

当锅被轻轻提出来时，在松明柴火的映照下，人们看到身高1.9

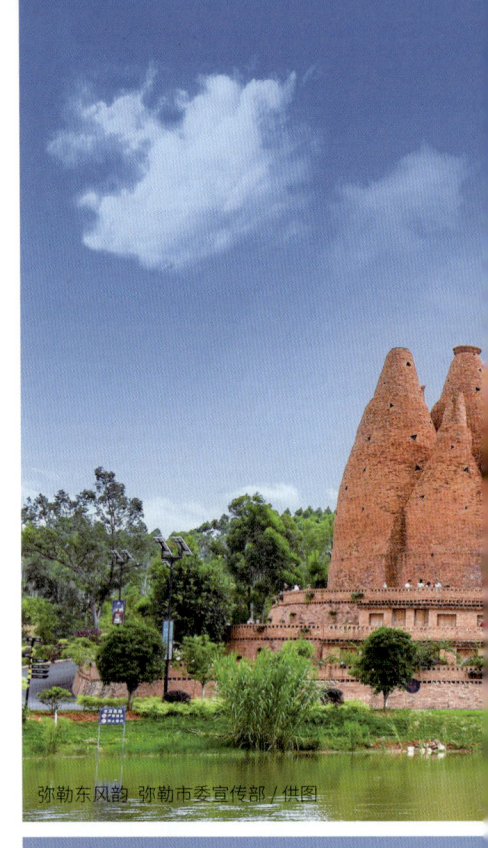

弥勒东风韵 弥勒市委宣传部/供图

弥勒东风韵 李昱廷/摄

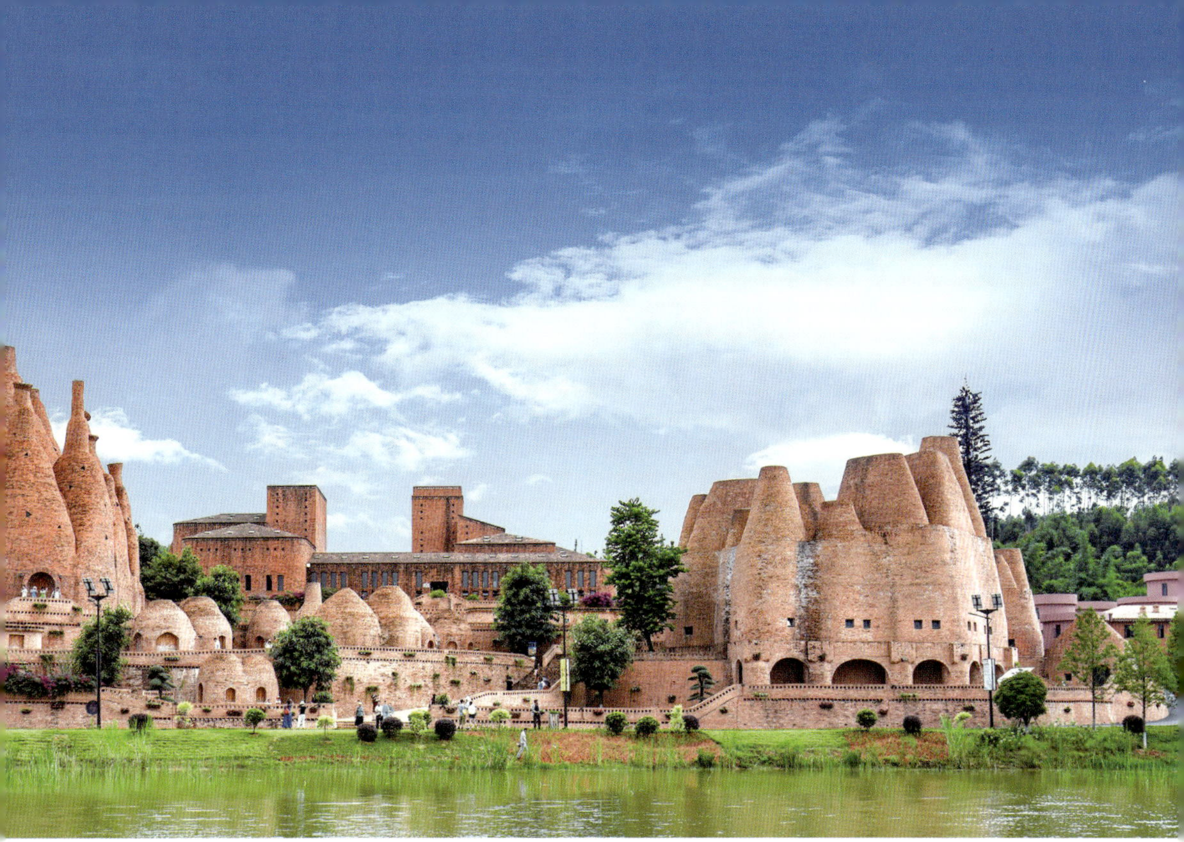
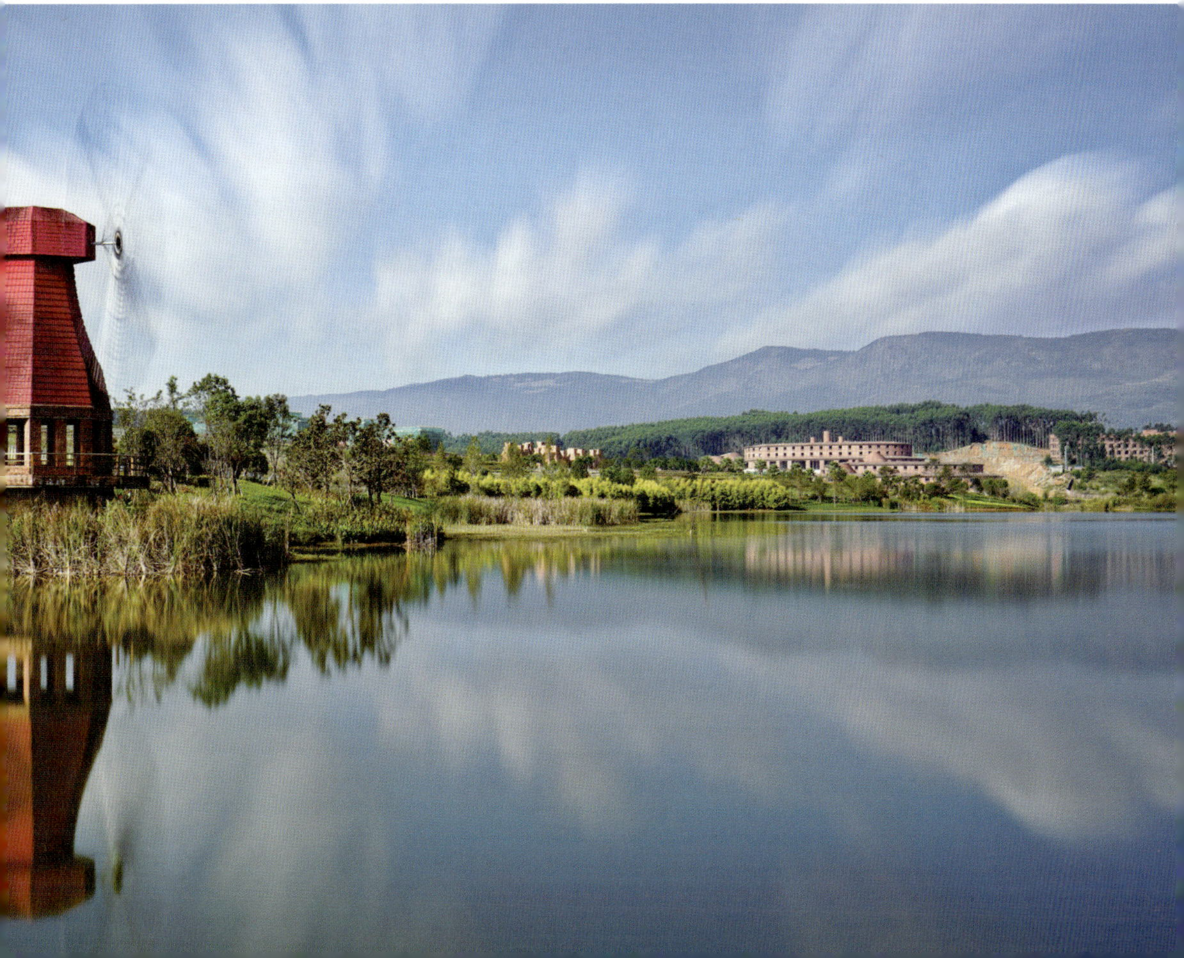

米、长发长须的老人泪水如注。

老人如注的泪水里写满了三个字："我爱你！"

"我爱你"可以是一种直白的表达，也可以是一种深入到骨髓的思念！

但如果深入骨髓的思念是一种痛，那么与其让它在血液里来回滚动，不如直白地表达出来。因为直白的"我爱你"，会是一个火炉，温暖周边。

太平湖：一个花开成诗的地方

绿水青山家国梦，泽流万古太平湖。太平湖森林公园位于七彩云南的福地弥勒市，距离市区中心直线为9千米。环太平湖区域，占地面积约42平方千米，公园因太平水库而命名，碧波泱泱，衔山吐云，风烟俱寂。这里地处亚热带季风气候区，四季如春，光照充足，冬无严寒，夏无酷暑，全年适宜旅游度假。

公园规划为特色森林木屋小镇、爱情主题文化公园、大地艺术景观公园、高原体育运动训练基地、高原特色农林示范基地、高原特色苗木花卉生产基地、非物质文化遗产展示、滨湖湿地水上休闲娱乐中心8大景区。

太平湖森林公园，碧波荡漾，花海弄湖。作为"一带一路"举办区域性国际会议重要场所的弥勒国际木屋会议中心傲然耸立在太平湖畔。会议中心主体建筑占地约7706平方米，可同时容纳1000人会议及用餐，外观取自莲花造型，四面环水的设计与建筑相映成景，宛如一朵莲花盛开在水面上。

清晨的太平湖，天蓝如洗，鲜花盛开，湿润的空气中弥漫着花草和露珠的气息。登高远眺，那片绿宝石一般镶嵌在大地上的壮观水域正是太平水库。

每一个到太平湖的游人，几乎都会走上观景台，像看初恋一般，久久注目那幅铺展于一片斜坡上、用鲜花构建的巨幅大地画作——《太平公主》，很多游人会久久地凝视着"太平公主"那张美丽端庄、若有所思而又略显忧郁的面容，这让"太平公主"正前方另一座山坡上的观景台总是人满为患。这幅由国际大地艺术家斯坦·赫德先生在亚洲首秀的大地艺术作品，占地约 33000 平方米，可以四季常艳，为永久性画作，它可以从环绕景区的三面不同的角度观赏。如果在观景台上观赏这幅作品，以彝族女性传统头饰为原型，添加了斯坦·赫德先生对中国文化中民族元素的理解，包括代表云南的山茶花、代表女性的鸾鸣凤舞。它以自然大地为画布，利用土壤、砖块、植物、岩石和有机覆盖物等构筑，通过色彩和高低的变化形成令人叹为观止的大型画作。

太平湖森林公园的各个景区也各具特色，森林木屋以木屋文化为核心脉络，每一间木屋都有自己独特的设计风格。住在这样的木屋里，抬头看美景或是低头看书、静心品茗都是一种惬意的享受。

以国际皇家玫瑰庄园为核心的爱情主题文化公园，是依托唯美教堂建筑、皇家马车、欢乐马场等配套设施，打造的爱情主题服务园区。

环湖全天候高原训练运动中心，围湖建设 21.1 千米环湖运

■带一本书去红河

弥勒太平湖 弥勒市委宣传部 / 供图

"最云南"的红河如此多娇

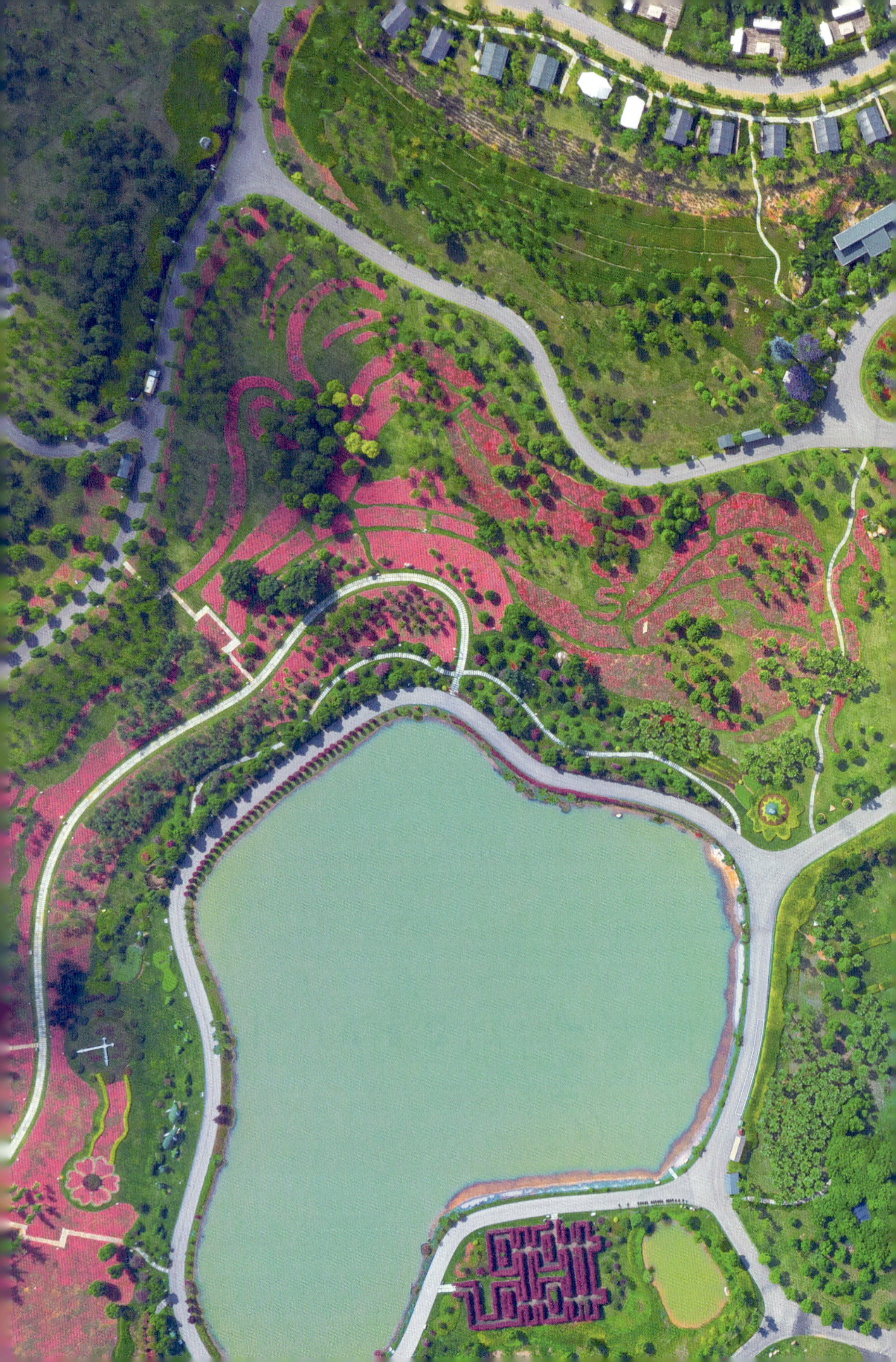

弥勒太平湖 李昱廷/摄

动赛道，用来进行专业半程马拉松赛事及自行车训练、赛事等。周边有健身休闲设施、航空飞行营地、运动船艇码头、山地户外营地和自驾车房车营地。

太平湖森林公园的各个景区，真可谓丰富多样。

锦屏后海：开启一场汉文化体验之旅

锦屏后海，位于弥勒市锦屏山后，四周青山环绕，湖边分布着大小不一的村落。

该景区以水景观、古建筑、歌舞演出为核心元素，着力打造以水舞秀为景幕、绚烂光影为妆点、真人汉文化歌舞演出为核心的大型户外水上歌舞视听盛宴，立足"山水园林""绿色环保"以及原生态森林休闲园区的特点，保留了人文传统生活景点。同时，充分利用森林和人文资源，形成了"可览、可游、可居"的环境景观和集娱乐、餐饮、住宿、观光、生产（茶艺）于一体的景观综合体。

锦屏后海是云南首家汉文化主题公园。大门的正前方有九根雄伟庄严的龙柱。"九"，阳数之最；"九龙"，是最大的阳龙。

在中国传统文化中，龙是权势、高贵、尊荣的象征，又是幸运与成功的标志，代表大汉王朝的盛世与威严。九龙柱左右两侧立有36面旗，援引古代猜谜与动物对照关系。每一面旗上都有一种动物，所代表的寓意也不一样。

后海的临波台左右两侧分列着览海亭、翠屏亭。台前水中建有升降舞台，有大型歌舞表演"弥勒真弥勒"。临波台，为古代建筑形式，功能近似广场。这里临近水面，可一览湖光山色，粼粼波光晶莹璀璨。在临波台与大门间，以两幅入园壁照相隔，体现了中国古代汉式传统建筑独具特色的建筑形式。舞台可根据表演进行升降组合，以天地星月、后海山水为背景，以大型水幕为幕布，光影与水影完美结合，再现了华夏汉文化礼、乐、舞等精粹，整场表演生动、华美、壮观。

汉服是汉文化的重要组成部分，来到锦屏后海，想了解汉服文化，必定要到锦冠堂。锦冠堂是游客更换汉服之处，也是体验穿越乐趣的开始。

"开元桥"是锦屏后海游览景区的必经之路。"元"意为开启、开始。在我国古代，很多朝代开国都以"元"字为第一年号，"开

弥勒锦屏山 李昱廷/摄

元桥"亦寓意汉文化主题之旅的开始。

过了开元桥就是锦屏渡,"渡"意为渡口、码头,锦屏渡是乘船游览后海的总码头。游人可选择乘坐古朴的木舟或华丽的船舫,穿行于绿意悠悠的芦苇荡,近距离感受湖风吹拂、水光映人的美景;也可在四面环水、古色古香的长乐坊,品尝精致的特色小吃及传统民间美食。

在锦屏后海,渡口总与拱桥相伴而生。后海渡是景区内的一个中途停靠和转乘渡口,站在观山渡,远山之色、一湖之景尽收眼底。

来锦屏后海吧,开启一场全新的汉文化体验之旅,在与汉文化的亲密接触中,感受汉文化的博大精深。

"最云南"的红河如此多娇

弥勒锦屏山 孔德云/摄

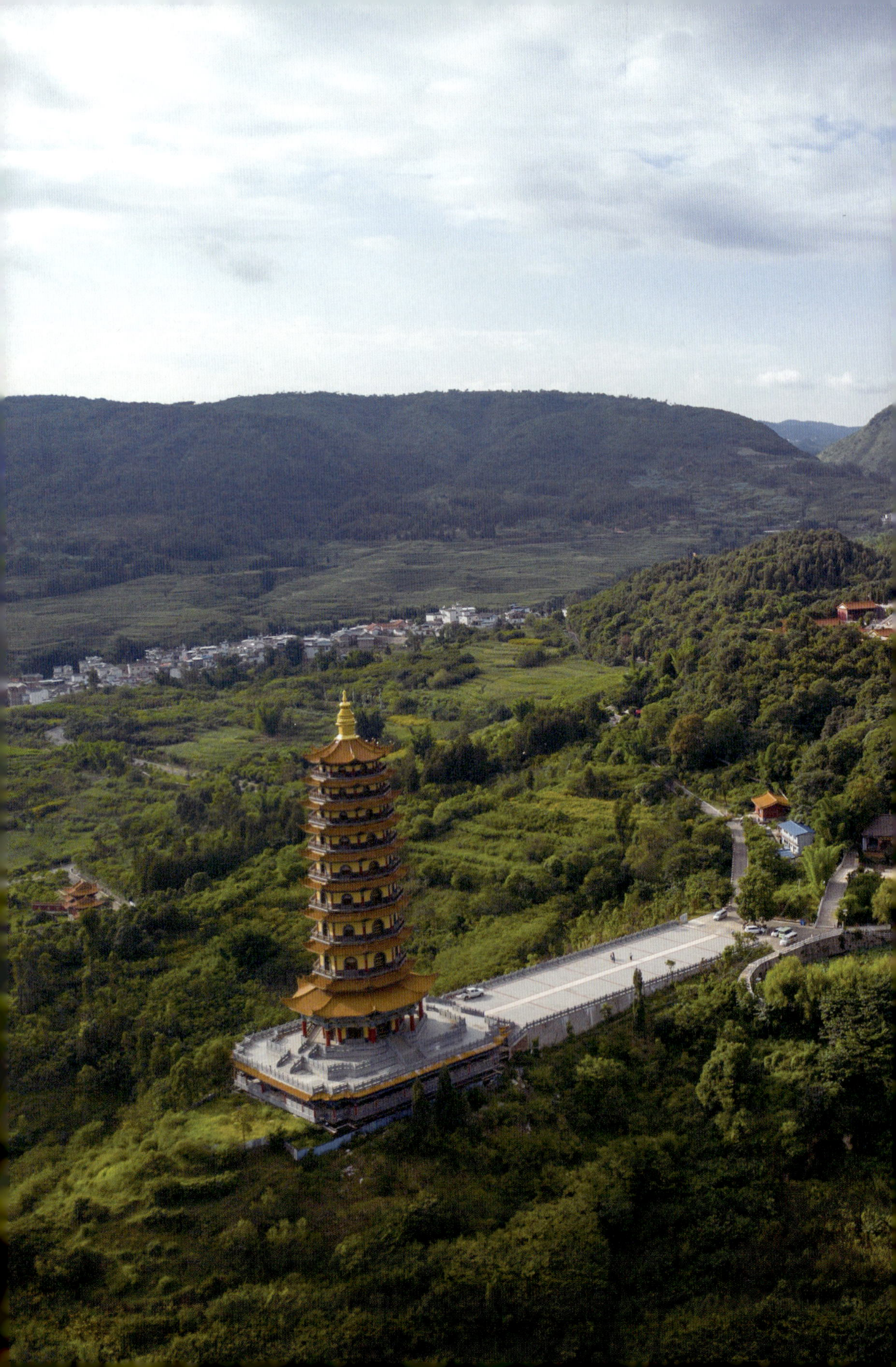

弥勒锦屏山 弥勒市委宣传部 / 供图

CHAPTER 03

散落在红河大地的
历史文化遗迹

在博物馆,时间是切片,也是隐线;是静止的湖,也是惊涛的海。

朱家花园 许文杰 / 摄

红河优沃的地理环境和得天独厚的自然条件，使之成为一块生物多样性的标榜地和物产丰富的宝地，而中国大西南深居内陆，距海遥远，古代大西南出海几乎都是取道国外，红河正是国人走出国门的通道之一。而中原文化与边地少数民族文化的融合，铸就了红河多姿多彩的历史文化内涵，也让红河多元文化呈现出许多让人应接不暇的精彩。

滇越铁路：穿越百年的传奇米轨

在世界铁路发展史上，没有哪条铁路像滇越铁路这样拥有如

鸟瞰滇越铁路线 刘金克/摄

此波澜壮阔、复杂曲折的传奇般经历。

滇越铁路是东南亚地区一条连接中国昆明和越南海防港（经中越口岸河口）的铁路，是中国西南地区的第一条铁路，为米轨铁路，呈南北走向。

滇越铁路在19世纪中后期，由法国人设计并建设。起于中国昆明北站，终点位于越南海防站，线路全长859千米。

滇越铁路一经建成，即被《英国日报》称为与苏伊士运河、巴拿马运河相媲美的世界第三大工程。

如今，穿越百年仍在运营着的米轨滇越铁路，因其太多的故事，成为世界铁路史上最传奇的存在。让我们透过历史的眼眸，站在岁月的肩膀上，回望100多年来滇越铁路的传奇轨迹：它

带一本书去红河

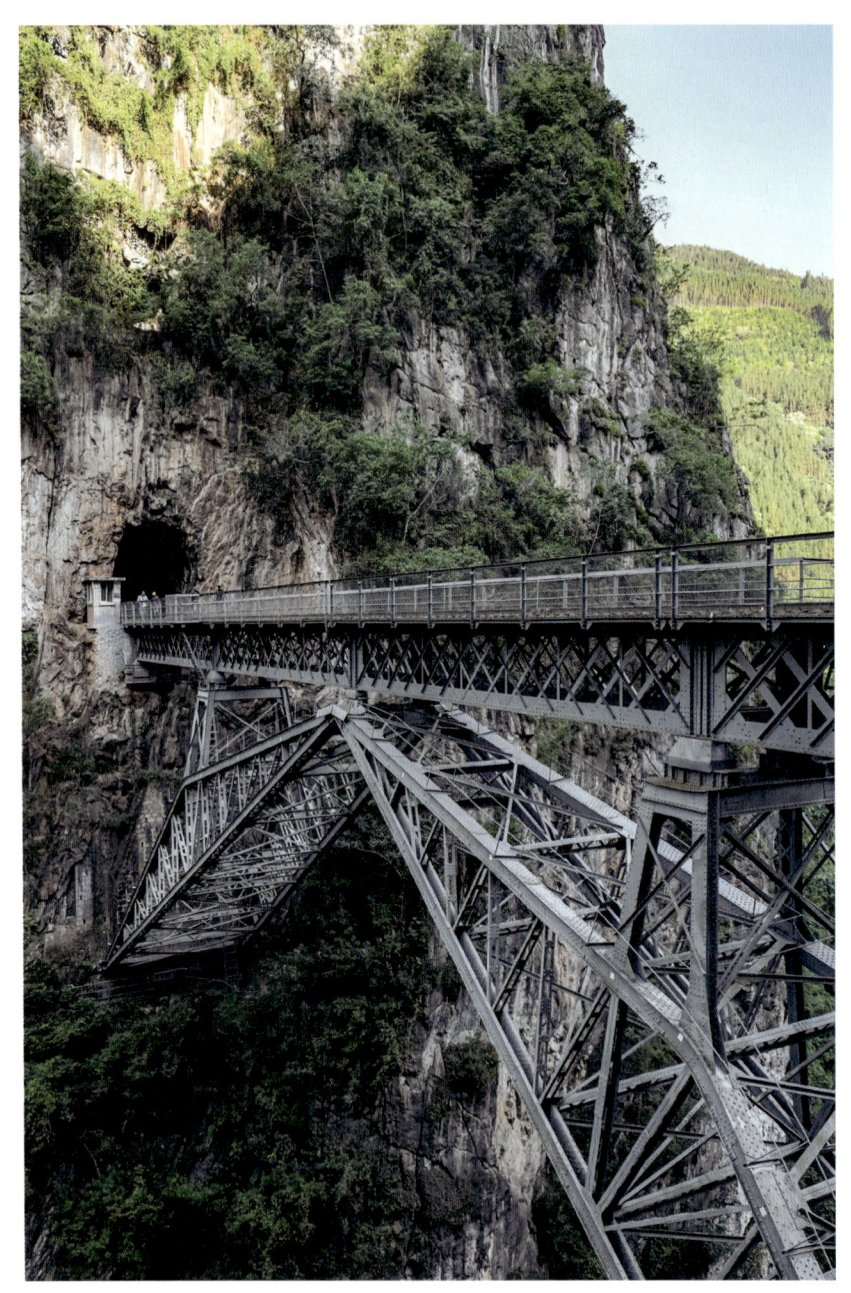

滇越铁路 屏边县委宣传部 / 供图

是世界铁路建筑史上的奇迹，滇越铁路沿线大部分属于喀斯特地貌，铁路建设施工难度之大，世界罕见；它是云南乃至中国西部铁路的先驱者；它饱受战争的煎熬，从1908年的河口起义、1915年的护国起义，到抗日战争、解放战争、援越抗法、援越抗美等，滇越铁路在战火硝烟中发挥着巨大作用，堪称世界上经历战争次数最多、战火持续时间最长的一条铁路；经受各种运动与改革的洗礼，依然穿行在崇山峻岭之中；承受不能承受的风雨考验，每年数百次的水害不断地侵蚀着本来就脆弱的身躯……这传奇般的经历，不仅造就了滇越铁路非凡的历史地位，也铸就了滇越铁路不可替代的作用。

滇越铁路至今已经120多年，是如今我国唯一营运的米轨铁路。这条铁路采用了当时世界最先进的技术，代表着当时铁路工程的最高水平，具有人类工程奇迹的历史典藏价值，是一条重要的线性文化遗产。

滇越铁路更是世界建筑史上的奇迹，是山地铁路的典范。首先，滇越铁路是在高海拔山地修筑铁路的成功范例，其80%的路段都是穿行于山岭悬崖地带，山高坡陡，路线迂回曲折。自河口至昆明，海拔落差由89米左右上升至1896米，两地直线距离不到300千米，而海拔落差达到1807米。其次，创造了人类在恶劣气候条件和自然环境下修筑铁路的历史。整个建筑穿过亚热带干湿分明的高原季风气候、南亚热带半湿润气候、热带山地季风雨林湿润气候三大气候带，克服了山高谷深、河道纵横、地质状况极为复杂，且气候酷热、瘴疠盛行等严重困难。仅仅在今天屏边县境段67千米内就建有78个隧道、47座桥梁，故有"蛇

■ 带一本书去红河

形的铁路、英雄的司机、不怕死的旅客"之说,环境之险恶、施工难度之大世界罕见。

滇越铁路让人们的旅行有了不一样的感受,它将大山另一边的魅力不断带进来,也为当地村民提供到城市淘金的机会,更为偏远地区的人们带来了现代社会的文化、知识、文明、改革创新的精神,以及发现世界和改造世界的强烈愿望。正如红河著名本土作家王必昆所说:无论岁月如何变迁,总有一列小火车在米轨上孤寂鸣笛,缓慢地驶向远方的大海。从云南十里村站至越南海防站,614千米米轨,就由这列货运小火车,在慢时光里咀嚼浮尘,以此证明滇越铁路的生命体征依然平稳。

行驶在南溪河边上的国际列车 马熙腾/摄

滇越铁路上的人字桥 王若杰/摄

  这是世界上最寂寞的铁路，也是最孤独的火车，以虫子般的爬行，见证岁月的更替。喧嚣、欲望、冒险、自由、爱情，一切早已化为尘埃，化为一路窄轨上的遗梦。这边，弥勒至蒙自的高铁已建成开通；那边，滇越铁路的小火车仍在执着行进。恍如这是一个百年平行的时空，米轨、动车、高铁、轻轨，在滇南大地上穿越历史，分道扬镳而又息息相依，一条钢轨就是一根心弦，合奏着历史的回声，演绎着时光的多重奏。

  或许在某些人眼中，滇越铁路会慢慢隐入尘烟，如时间褪下的旧衣，遗落在滇南的山林中，火车的呼啸终将成为一个时代的尾声，在历史的天空下缥缈殆尽。随之而来的是它的螺丝锈蚀，铁轨松动，隧道虚置，道砟石被荒草掀开、掩埋，小站坍塌为废墟，一段一段的枕木腐烂、消失，世界逐渐恢复成大道无形的样子。但如果你有幸行走在像祖先一样令人敬仰的滇越铁路上，你可以触景生情地回想和思考滇越铁路对中越两个国家的重要性。时至今日，它还能够向人们再现 100 多年前那个时期的画面；你也可以什么也不想，只是静静地在滇越铁路沿线旖旎的自然风光里沉醉、沉醉……

人字桥：滇越铁路上的绝美风景

说到滇越铁路，最绕不开的桥梁就是人字桥。

滇越铁路创造了世界铁路史上的许多经典范例，例如铁路沿线建造的白寨桥、七孔桥、小龙潭大桥、木花果大桥、人字桥、河口大桥等。其中人字桥作为滇越铁路上经典桥梁中的杰作，更是成为载入史册的范本。

人字桥建于两道悬崖之间，距谷底 70 余米。在两座绝壁之间以"人"形横空飞架，两个等腰三角形的拱臂插入两端隧道之间，形如"人"字而得名。

今天的人字桥看上去依然气宇轩昂，美丽而神奇，因而说其是滇越铁路的永恒坐标也不为过。

大概因桥的设计和建造，神奇得叫人难以想象，于是人们在 100 多年的无穷臆测与无尽畅想中，演绎出许多传说。流传较为广泛的一种传说是，在制定建桥方案时，许多设计方案都以失败而告终，只得面向社会广泛征集设计思路。人字桥的设计理念源自一位女裁缝剪刀叉开落地的启迪。据说，那天女裁缝正一边看着报纸上法国工程学会的征集设计理念启事，一边摆弄着手中的剪刀……突然，女裁缝手中的剪刀失手落地，刀尖正好插入地板巍然而立。女裁缝惊奇之余从中得到启发，报告给法国工程学会。于是，著名的桥梁设计师保罗·博丹依据她的设想，设计出状若张开剪刀的"人字桥"。那位突发奇想的女裁缝也因此被聘为"帮工程师"（即助理工程师）。

当然，此外还有搭积木引发、人字屋架联想等说法，这类可以归纳为物理力学引发的传说。也有从仿生学角度衍化出的传说。相传一位法国（一说意大利）的女工程师偶然看到假山缝隙中夹着一只蝴蝶，菱形的尾翼牢牢地支撑着僵硬的躯体，头顶着落叶尘土，任风吹雨淋，纹丝不动。她从僵死的蝴蝶的形状得到灵感，设计出鲜活的"人字桥"。

总之，壮美的人字桥给人留下无限的联想空间。

人字桥全长67.35米，但当年修建时有800多位中国劳工为此桥付出了年轻的生命，平均每修建1米大约有12位中国劳工付出生命，可谓"一颗道钉一滴血，一根枕木一条命"。这在世界桥梁建筑史上都是前所未有的，所以有"血泪人字桥"之称。

徒步滇越铁路有一种特别的感受，因为现在滇越铁路火车已经极少驶行，游人可从滇越铁路的碧色寨火车站徒步至河口站，沿途177千米，将经过人字桥等许多独特的桥梁和隧道……在历史和现实中穿越，我们可以用心记录每一座桥梁、每一个隧道，也可以在铁轨和隧道承载着的历史上，拥抱孤寂，畅想未来。

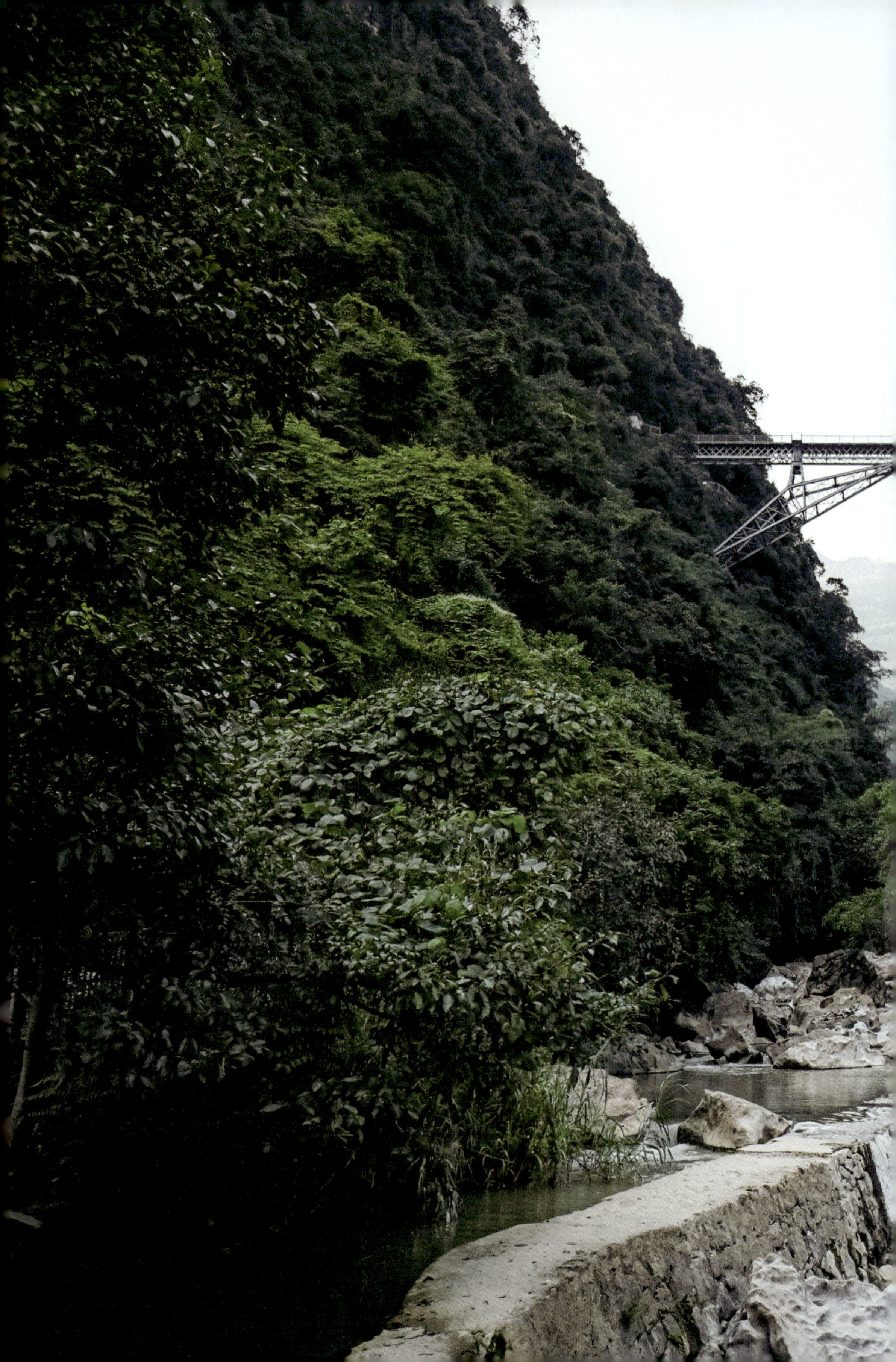

滇越铁路上的人字桥 屏边县委宣传部 / 供图

西南联大：高山仰止

当人们谈论大学时，总是会说到西南联大；而当谈论西南联大时，自然要讲到蒙自。虽然西南联大在蒙自办学的时间仅仅半年，但就在这半年的时光里，西南联大和蒙自互相成就。蒙自为西南联大的师生们提供了温暖的港湾，而西南联大的师生们也为蒙自这座边陲小城营造了不朽的人文光芒。

那段大师云集蒙自的黄金岁月，那一串串让人震撼的名字，烙印在蒙自小城的时光深处，让蒙自从此闪耀着智慧的光芒，也让人们对蒙自这方水土肃然起敬。让我们看看那些如雷贯耳的名字，他们一直闪耀在中华民族灿烂的文化星空。1938年的蒙自，这些让人敬仰的大师就生活在蒙自的街头巷尾，或许一个不经意间，你就会碰到文坛泰斗、学界精英：朱自清、闻一多、冯友兰、陈序经、陈岱孙、樊际昌……

"卢沟桥事变"不久，北平、天津相继沦陷，北大、清华、南开遂迁长沙组建临时大学。战火快速蔓延，形势岌岌可危，长沙临时大学才办四个月，又决定西迁昆明，改称"国立西南联合大学"。

西南联大建校伊始，因昆明校舍不足，无法安置上千名师生，意欲另寻地方建分校。有人建议北大校长蒋梦麟去蒙自看看，说那里有很多闲置的房屋。

在西南联大蒙自分校纪念馆，至今还保存着两份当年西南联大的"合同租约"。一份是西南联大租借蒙自法国领事署拾院主房，外有花园草地，连同附属建筑，业主免费让与租户住用。另一份是联大租借蒙自法国医院所有地基花园房屋及建筑物,每年租金越币壹元,须预先付给。

只要仔细翻看过这两份珍贵的联大档案的人,都会忍俊不禁地笑出声来。法国领事府整个大院是免费租用,法国医院整个大院是象征性收取每年壹元越币的租金,还郑重其事写下"须预先付给"。可以想象签约时,蒋梦麟、梅贻琦两位先生会笑得多么开心。中法在西南联大租借校舍这件事上,真是一次外交的和谐,教育的共鸣。

西南联大分校选择在蒙自办学,除了天时地利人和的因素,还有一个重要的原因是蒙自交通的便捷,滇越铁路国际大通道和个碧石铁路寸轨小火车均可到达蒙自,使蒙自虽遥远也易达,进退留有回旋余地,且对外联络也便利,与世界同行保持学术交流方便。

正是有了滇越铁路和个碧石铁路,西南联大师生才得以较为便捷地从长沙迁往昆明和蒙自。师生们无论是走海路、陆路或徒步,最后都要走滇越铁路。特别是抵达昆明再到蒙自分校的那部分师生,也是乘坐滇越铁路米轨火车和个碧石铁路寸轨小火车到达蒙自的。这期间在昆明、蒙自两地讲课的老师,几乎都有乘坐小火车的经历。而大批师生无论到达和离开蒙自时,碧色寨火车站都成为迎来送往的美好回忆。

西南联大蒙自分校在蒙自风景最好的南湖周边。一座城市,城中有湖,必然有灵性。而湖的周边一定是这座城市最美丽的地方,蒙自的南湖也是。蒙自南湖呈东西向修长分布,南北宽不过三四百米。南湖的水极秀丽,湖水清澈如碧,湖畔垂柳成荫,沿

湖内外古迹景点众多，湖中还有各式亭台楼阁、回廊曲桥，环境清幽，风光旖旎，是人们游览休闲的好去处。西南联大的师生们颠沛流离，千里迢迢来到蒙自，简单安顿之后，都会三三两两漫步在南湖，或交谈或赏景，也会停下来看书或沉思。西南联大师生们的到来，给平静的南湖平添了几分书卷气，连平时在南湖高声喧哗成了习惯的路人，碰到湖边柳树下坐在石头上读书的师生，也会不由自主地压低声音，怕惊扰了他们……偶尔，蒙自的市民也会碰到满身朝气的跑步师生，他们矫健的身影，总能吸引路人

蒙自一景 胡艳辉/摄

的目光。南湖边春天的风合着师生们清新的书香，从人们的身边掠过，一时间，南湖充满了青春的朝气，空气中也弥漫着书香的气息。

西南联大师生的生活与美丽的南湖就这样融在了一起。师生上下课经过南湖东堤，课余在湖边读书、唱歌、诵诗，在湖里畅游，在亭上探讨时局，青春的气息弥漫蒙自。南湖，一时成了西南联大师生感情的依托、诗情的沃土。

因为南湖，这里便诞生了一个文学社团——南湖诗社。闻一多、罗庸、朱自清成了诗社的指导，穆旦、周定一、刘重德、赵瑞蕻、向长清、刘兆吉等成了诗坛新星。

走进南湖畔的哥胪士洋行二楼，轻轻推开一扇门，那里便是当年闻一多先生的宿舍。闻一多把蒙自比作"一个世外桃源"，他在这里能够静心读书，以至于除吃饭、上课外，长时间不见他下楼活动。历史教授郑天挺见他如此"怒读救国"，恐对身体不好，就劝他说："一多啊，你何妨一下楼呢？"于是闻一多先生便得了"何妨一下楼主人"的雅号。

西南联大蒙自分校，虽然只有短短几个月的时光，却是西南联大这支现代乐曲中一段优雅的乐章。"当小火车缓慢地从蒙自站驶出时，我们对于这所谓'边陲小邑'大有依依不舍的情绪"，这是陈岱孙先生的心声，也代表了蒙自分校师生的心情。他们从

西南联大蒙自分校旧址 佴斌/摄

百年滇越铁路上，坐着窄窄的小火车来，又乘着窄窄的小火车走了，留下长长的铁轨、长长的思念。多少年后，有人毕业直接回到这里工作，有人情意绵绵故地重游，只为再看一看这一湖波光潋滟的南湖水。

当年战争中幸存的那些西南联大校舍，在今天的和平年代得到了修葺保护。蒙自海关税务司署、法国领事府、哥胪士洋行、周家大院已成为全国重点文物保护单位，王家住宅等也列入市级文物保护。在西南联大校舍旧址哥胪士洋行，建成了西南联大蒙自分校纪念馆。哥胪士洋行曾经是联大条件最好的宿舍，单身教授大多住在哥胪士洋行和法国东方汇理银行，房间抽签分配。

1988年，蒙自在南湖公园内修建闻一多先生纪念碑、纪念亭。纪念碑的碑文由闻一多的学生、中国社会科学院王均教授撰文，书法家李群杰书丹。"闻一多纪念亭"匾额由楚图南题写，两侧是赵朴初撰写的楹联："仰止高亭永忆春之末章粉碎琉璃一生奋斗争民主，长吟遗作忍看你的脂膏泪流蜡炬千秋不息向人间。"冰心题写纪念亭南面匾额"斯人宛在"，光未然撰写楹联："虎啸龙吟惜往日，湖光山色换诗魂。"

蒙自南湖，秀外慧中。南湖收纳了自然到人文、历史到现代，是个极具灵气又妙趣横生的一方天地，是见证兴衰更启迪未来的精神世界。

如今，西南联大作为一座实体的大学虽已消失在历史长河中，但它却似一座精神丰碑、一座文化圣地、一种人文情怀融入当代人的血液中，让人高山仰止。

朝阳楼：滇南第一楼

国家级历史文化名城建水的标志性建筑是朝阳楼，这座始建于明洪武二十二年（1389）的朝阳楼，因酷似北京天安门城楼，每每提起，总会让建水人无比自豪。站在巍峨的朝阳楼上，每一个建水人都能如数家珍地介绍一些朝阳楼的历史，其中说得最多的一句话就是：看，我们的朝阳楼像北京天安门吧，但我们的朝阳楼比天安门早建了28年呢。

朝阳楼位于建水县城中心临安路东端，是建水四大城门的东门，所以当地人也称其为"东门楼"。朝阳楼依地势筑于高岸，楼阁又起于7米多高用砖石砌筑的门洞之上，五开间，三进间，三重檐歇山顶，檐角飞翘、画栋雕梁、巍峨挺拔、气势雄伟，有"雄踞南疆八百里，堪称滇府第一楼"的美誉。楼上悬一明代大钟，高2米多，重1700千克，击之，数里外都能听见钟响。檐角挂有铜铃，每当秋风送爽，铃声在清风中清脆悦耳，据说在夜深人静时，铃声甚至可以传到数里外的南庄镇。春、夏交替的时节，万千只筑巢于檐下的紫燕绕楼飞鸣，呢喃之声不绝于耳，一片繁忙景象。城楼上木雕屏门雕镂精细、绮丽华贵，人物形象生动，透雕三层，堪称精品。朝阳楼用48根巨大的木柱支撑，分成六列阵势，每列各有8根，中间两列最粗大，直通三楼；其外两列木桩稍细，直通二楼；最外面两列柱围更小，仅支撑一楼屋檐。

朝阳楼正面的顶层檐下，东面悬挂清代书法家石屏人涂日卓书写的"雄镇东南"巨匾。"雄镇东南"为清代云南著名的四大榜书之一，也是唯一幸存下来的榜书，每个字大小近两米，结构、笔力均冠绝于世。西面悬摹唐朝草圣张旭"飞霞流云"狂草榜书。

朝阳楼原来的整个构架有所谓"螃蟹支撑"的特点。支撑全楼的48根木柱中，有44根近乎大合抱的巨柱，分6行排成阵势。当中四列木材最粗大，一直贯通三楼，柱间使用穿插枋和随梁枋，再与梁、檩等结合，构成牢固的支架。最外面两列柱围稍小，只支撑一楼屋檐，而具有扶持内柱的作用。整个构架形成密集的柱网结构，重心稳固，支架结实。难怪连拔山填海、摧枯拉朽、锐不可当的地震魔头，也对它无可奈何。有一副对联这样赞朝阳楼："栋宇薄云霄，雄踞南疆八百里；气势壮河岳，堪称滇府第一楼。"

朝阳楼古代叫迎晖门，时至今日已有600多年的历史，是古代华夏西南边陲军事重镇的象征。大明王朝建立后，在云南的明军平叛云南，军队进驻临安，开始修建城楼，并修建四座城门，每座城门上各建三层楼阁，东门叫迎晖门（即朝阳楼），南门叫阜安门，西门叫清远门，北门叫永贞门。到了清1647年，南门、西门、北门三座城门毁于战火，唯有东门朝阳楼完好无损保存下来。近年来，随着旅游业的兴起，建水又在原来南门、西门、北门三座城门的原址上，分别修建了阜安门（南门），清远门（西门），永贞门（北门）三座城门，最大限度还原了建水古城的风貌。

今天的朝阳楼可以购票登临，俯瞰建水古城全景。当你登上城楼，俯瞰这座千年古城城楼下川流不息的人群和车水马龙，遥看鳞次栉比的古城建筑，会有一种"世人皆浊，唯我独清"的感叹。

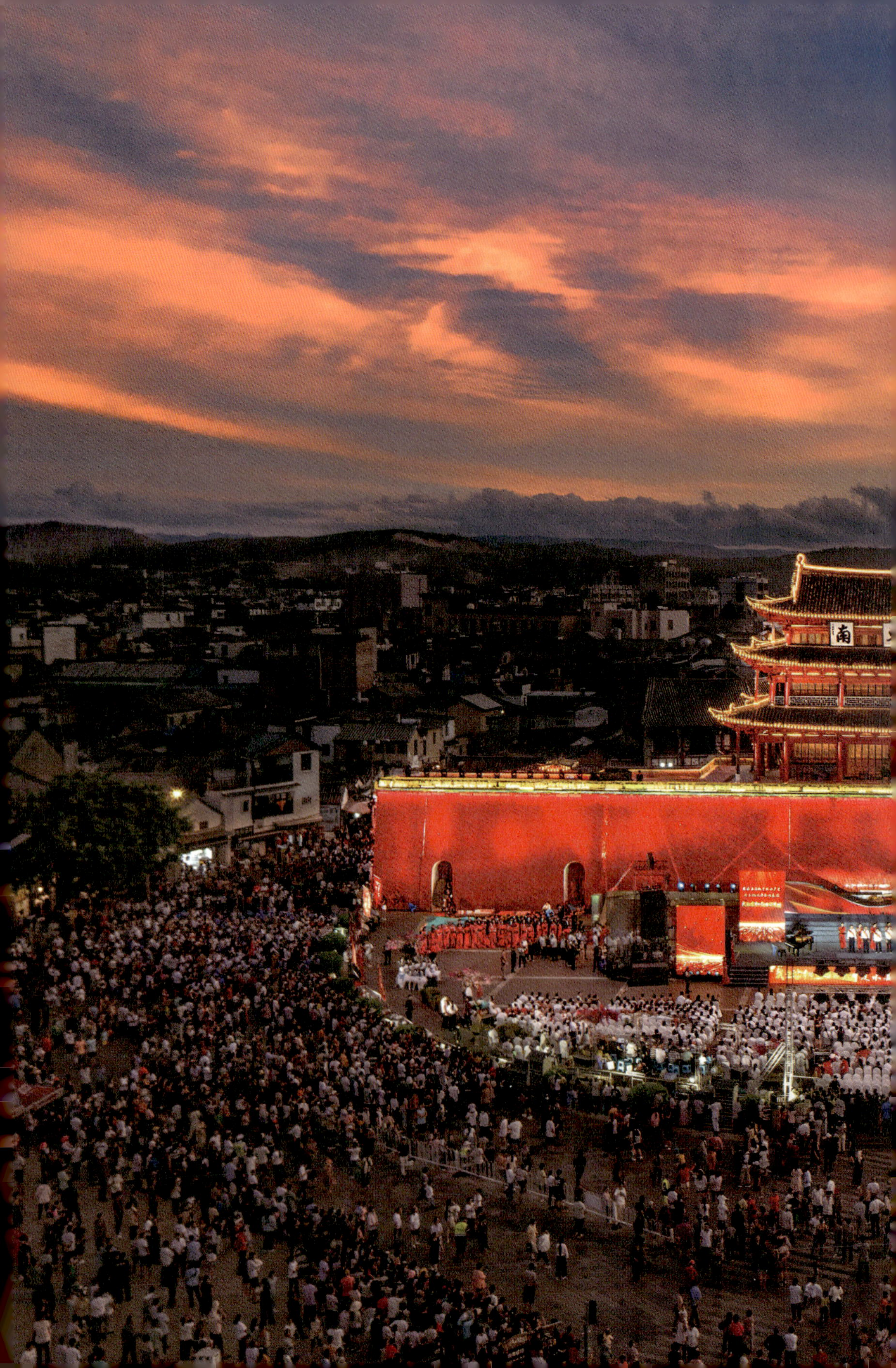
南

建水朝阳楼 张泽/摄

朱家花园：滇南大观园

朱家花园，地处建水古城，是清末乡绅朱渭卿兄弟建造的家宅和宗祠，有"西南边陲大观园"之称，是一座承载了丰富历史与文化内涵的古老府邸，其建筑风格与艺术价值被形容为中国传统文化的缩影，仿佛一幅浓墨重彩的历史画卷。

2013年3月，朱家花园被国务院批准列入第七批全国重点文物保护单位。

朱家花园建筑占地两万多平方米，主体建筑呈"纵四横三"布局，为建水典型的"三间六耳三间厅，一大天井附四小天井"式传统民居的变通组合体。房舍格局井然有序，院落层出迭进，计有大小天井42个。一进门的巨大匾额"循规蹈矩"就透露出大户人家的家风家训。整组建筑陡脊飞檐、雕梁画栋、精美高雅。庭院厅堂布置合理，空间景观层次丰富且变化无穷，形成"迷宫式"建筑群。

如果你到了建水，既想知道什么叫"有钱"，又想知道什么是"滇南文化"，那就去朱家花园看看吧！

大概因为建水常年气候温暖吧，朱家花园每个房间的房门都是敞开的，于是门门相通，院院相连。走在那些层层叠叠、四通八达的亭台楼阁之间，感觉就像刘姥姥初次进大观园。

中国古典园林中，北方皇家园林规模宏大、色彩富丽，江南私家宅邸玲珑精巧、素淡雅致，而朱家花园却把江南秀气、灵动的"骨骼"与北方浓艳、明亮的妆容完美地融合在一起。

行走间一股暗香幽浮，别有一番风味。

散落在红河大地的历史文化遗迹

建水朱家花园 梁鑫伟 / 摄

■带一本书去红河

朱家花园 梁鑫伟/摄

朱家花园水上戏台 何屏/摄

朱家花园 梁鑫伟/摄

朱家花园坐南朝北，入口为垂花大门。左侧沿街的10间"吊脚楼"与其后的"跑马转角楼"相连，是当年的账房和物资供应铺面等，是朱家经营进出口贸易、买卖大锡、洋纱布匹、食盐、烟土的"朱恒泰"总商号。右侧前为家族祠堂，后为内院。祠堂前有水池，水上有戏台、亭阁、庭荫花木等，水池边有护栏。

整组建筑的正前为三大开间的花厅，左右两侧为小姐"绣楼"。花厅前是花园，左右对峙透空花墙，将其自然分隔为东园和西园。花园正前有荷池、树丛、苗圃、花圃散布其间，形成一座既典型而又富地方特色的南方私家园林。

朱家花园院落层出、房舍迭进、内雅外秀、形制规整、布局灵活、空间丰富、层次渐进、环境清幽、色彩淡雅、装修有度、结构统一，在丰富的形式中包容了深刻的文化内涵，是多民族建筑艺术相融合的富有滇南私家园林韵味的建筑群。

朱家花园是珍贵的历史文化遗产，雕刻绘画吸纳了少数民族的内容和技巧，增添了特色。朱家花园在建设之初十分重视居住环境与当地自然环境相协调，既种植竹木花草，建荷花鱼水池，还保留稻田，使居住融入江南水乡景色。朱家花园的建筑艺术和技巧、布局和设计、雕刻和彩绘等在现代建筑中仍然有许多内容值得继承和借鉴。据说，当年竣工不久的朱家花园正方的门上都装有玻璃，而里面是雕花木刻。那时候，玻璃是从香港运来的，丫头们每天起来都要擦玻璃，可见当年朱家的财力之大。

走进朱家花园，仿佛穿越时空，置身于历史的长廊之中。在这座园林之中，古老建筑、青瓦白墙、曲径通幽的景致，勾勒出一幅幅古朴典雅的画面。在这里，每一寸土地都沉淀着岁月的痕迹，每一块石头都承载着家族的兴衰沉浮，为人们展现了过去的繁华和荣耀。

朱家花园是一个让人震撼的整体，见之让人想起颐和园，想起《红楼梦》里的大观园。说让人震撼是有原因的：一是西南边陲能出现这样大规模的建筑本身就让人惊叹，二是其为私家豪宅令人唏嘘，三是其建筑中的人文、地理和工艺水平之高更是让人难以想象。朱家花园不仅是建水古城的代表性景点，还是很多电视剧的取景地，更是一座活态的历史百科，充分展现了中国传统文化的深厚底蕴。

漫步其中，仿佛置身于历史的长廊，体会着过去的荣耀与辉煌。这里不仅是一处旅游胜地，更是一座充满故事和传奇的文化宝库。朱家花园以其独特的建筑风格和深厚的历史内涵，为人们带来了对中国传统文化的全新体验和认知。

建水文庙：文献名邦的佐证

有着一千多年建城史的建水是一座活着的历史文化名城。建水古称临安，在元代就推广入学，历来建水科举人数占云南全省一半人数，因此建水有"文献名邦，滇南邹鲁"的美誉。

建水文庙，位于建水县，始建于元至元二十二年（1285），已有 700 多年的历史。经历代 40 多次扩建增修，占地面积已达 76000 平方米，其现存规模、建筑水平和保存完好程度，仅次于山东曲阜的孔庙。

散落在红河大地的历史文化遗迹

建水文庙 张泽 / 摄

建水文庙 张泽 / 摄

2001年6月25日，建水文庙被国务院公布为第五批全国重点文物保护单位。

建水文庙完全依照山东曲阜孔庙的风格规制建造，采用南北中轴线对称的宫殿式，东西两侧对称布置多个单体建筑，是云南乃至全国研究儒家文化及其辐射影响的重要历史文物建筑。

进入建水文庙大门，首先映入眼帘的是一尊高大的孔子站立塑像，塑像的背后就是泮池。古时曾把学校称为"泮宫"，校内的水池叫"泮池"。不过"泮池"这个称谓太高雅，也不顺口，性格随和的建水人习惯称它为"学海"，既表示是学校里的"海"，又寓意学无止境的"海"。全国各地文庙中的泮池都为半圆形，只有建水文庙中的泮池为椭圆形，且占地面积约30000平方米，其规模之大，造型之特别均可谓全国文庙之冠。

走过泮池，就到了"洙泗渊源"坊。"洙泗渊源"的含义是儒家学说源远流长。"洙泗渊源"坊位于半月形唇台的中心，背面镌刻"万世宗师"。"洙泗"指的是孔子家乡的两条河"洙水"和"泗水"，孔子便出生在这两条河的交汇处。这座牌坊建于清乾隆四十三年（1778），为典型的五开间三门道古牌楼建筑，木石结构。巨大石雕龙、麟、狮、象拱卫牌坊。石雕坐于兽头之上，头顶檐柱。整座牌坊用材考究，斗拱精巧。走进"洙泗渊源"坊，是为二进。在其东西两端有两对木石结构的牌坊横列，分别是"道冠古今""德配天地""圣域由兹""贤关近仰"。"德配天地"源于《中庸》章句："博厚配地，高明配天，悠久无疆"，意谓孔子之德高明博厚，与天相齐。"道冠古今"，赞叹孔子之道为古今之冠，贯穿于古往今来整部文化史。

棂星门的棂星又称为"天田星",指天上的文星,主管文人才士的选用,祭棂星体现了"尊孔必尊天,尊天亦尊孔"的思想。此门有一独特之处,四根中柱穿脊而出,高出屋顶两米多,柱上罩着建水古窑制的元代盘龙青花瓷罩。中柱穿脊而出,其意源于宋朝大儒朱熹所说的"孔教真理能通天,无所不包,无所不能"。

园林东西两面分别是魁星阁和文昌阁。杏坛始建于元代,后毁坏,现在的建筑为2000年重建。民间相传,莘莘学子在考试前摸一摸孔子塑像的额头,能考出好成绩,所以建水文庙杏坛中的"孔圣弦颂图"画像碑上孔子的额头,已被世世代代千千万万渴望考出好成绩的莘莘学子摸得凹进去了,有关部门只得采取强制措施,禁止人们触摸孔子塑像的额头。

先师庙又称为"大成殿",是祭孔的正殿。殿正面悬挂的大匾"先师庙"三个金字,是清代书法家王文治就任临安知府时题写。大殿飞檐斗拱,结构异常坚固,屋顶上铺满了五光十色的琉璃瓦,在阳光下熠熠生辉,使得整个建筑更加璀璨夺目。全殿由28根大柱支撑,其中22根青石巨柱都是用整块的石料凿磨而成的,每根高达5米,重达万斤。最为独特的要数左右檐角的两根石龙抱柱,采用浮雕与透雕相结合的艺术手法雕刻而成。巨龙盘绕,形象生动,技艺登峰造极,可谓南国无双。

建水文庙的雕刻,不仅展示了明朝的建筑艺术,也反映了当时的社会生活和文化特色。

建水文庙开创了滇南庙学的先河,赢得了"文献名邦""滇南邹鲁""诗书郡""礼乐邦"等美誉。

■带一本书去红河

建水文庙 何屏/摄

散落在红河大地的历史文化遗迹

建水文庙祭孔大典 何屏 / 摄

建水文庙祭孔大典 何屏 / 摄

■ 带一本书去红河

红河州博物馆：跟着文物穿越在历史和现实之间

博物馆是让一个地方历史和文化重现的殿堂，红河州博物馆也不例外。

在博物馆，时间是切片，也是隐线；是静止的湖，也是惊涛的海。

透过历史的眼眸，站在岁月的肩膀上回望，在红河州博物馆这间"住着往事的房间"里，时空似乎被打破，我们可以看到历史的厚重和生命的多彩。它以历史发展和时代演进为基本脉络，

红河州博物馆 何松涛 / 摄

通过不同历史时期文物展品分片区集中陈列，展现了红河这片古老神奇的红土地上人类的起源、繁衍以及文明的兴起和进步所留下的历史遗迹。

红河州博物馆坐落在蒙自市红河广场西侧，于2003年12月建成，有文物藏品9497件，是红河州唯一一所综合性地方博物馆，为国家二级博物馆、国家3A级景区、云南省科普教育基地。

岁月的长河悠悠而过，总有些宝贵的东西，隽永不变。结合了中西方优秀传统文化的设计风格，让红河州博物馆在红河广场别具一格。

一进入博物馆，色彩艳丽、以哈尼族为代表的红河州11个

带一本书去红河

世居民族的刺绣作品让人眼前一亮，瞬间就感受到了红河少数民族"穿的是艺术，戴的是神话"的独特服饰风格。如果是第一次走进红河州博物馆，穿过雕塑群、大型民族刺绣、红河州地形沙盘模型，会对红河州的历史和民族文化有一个初步的了解；中庭是连接序厅和环形走廊的枢纽部分，主要展出碾制锡矿的巨型石碾，复原了旧时锡矿工人艰苦劳作的场景。

红河州博物馆楼梯的设计很特别，让你感觉不到博物馆内楼梯的存在。参观了一楼后，就顺其自然地沿着一道缓坡，转着圈，欣赏着眼前一幅幅精美的展示着红河州壮美自然风光和人文风情的艺术照片，在惊叹和享受中不知不觉就到了二楼和三楼。

这个转着圈有着楼梯功能的锥形缓坡，设计灵感来自红河少数民族转山和圈舞的习俗。锥形体造型上，装饰着丰富多彩的民族图案和纹饰，而风格各异的窗口造型则来自少数民族对日月水火的崇拜，可谓是红河州博物馆设计的点睛之笔。

漫长的岁月长河中，红河先民用勤劳和智慧创造了不朽的文明，在以"古老神奇的红河""绚丽多彩的红河""富饶美丽的红河"为主题的展厅中，展出有化石标本、青铜器、陶瓷器、书画、近现代文物、民族服饰和民间传统手工艺品、民间乐器、宗教祭祀用品等1000余件，代表着先人不朽的科技成就和艺术才华，凝聚着祖先的辛勤汗水和聪明才智。

"古老神奇的红河"展厅，以历史发展和时代演进为基本脉络，通过不同历史时期文物展品分片区集中陈列，展现了红河这片土地上人类的起源、繁衍以及文明的兴起和进步所留下的历史遗迹。历史文化展厅展线设置由史前文化厅、青铜文化厅、陶瓷文化厅、书画厅、交通展厅、锡文化展厅等6部分组成。

走进"绚丽多彩的红河"展厅，是以红河州民族民间传统文化为基础，以各族人民在历史迁徙、繁衍生息中留下的珍贵文化遗产为基本元素的展览，内容包含各民族服饰、各民族日常生活生产用具、宗教祭祀用品、非物质文化遗产、哈尼梯田景观图片以及土司文物等，比较全面地反映了全州各个民族独特的文化状态和历史风貌。

徜徉在红河州博物馆，触摸人类文明的脉搏，沉浸于历史文物的精美，岁月的长河悠悠而过，红河的人文历史、社会百态会让穿梭于其中的人们产生无限的遐想，红河呈现出的多元文化也会带给人们应接不暇的欣喜，岁月早已使古老的文明化为一颗颗沧海遗珠，但是我们相信，水何澹澹，历史的洪流将再一次激起文明的浪花。

红河州博物馆 何松涛/摄

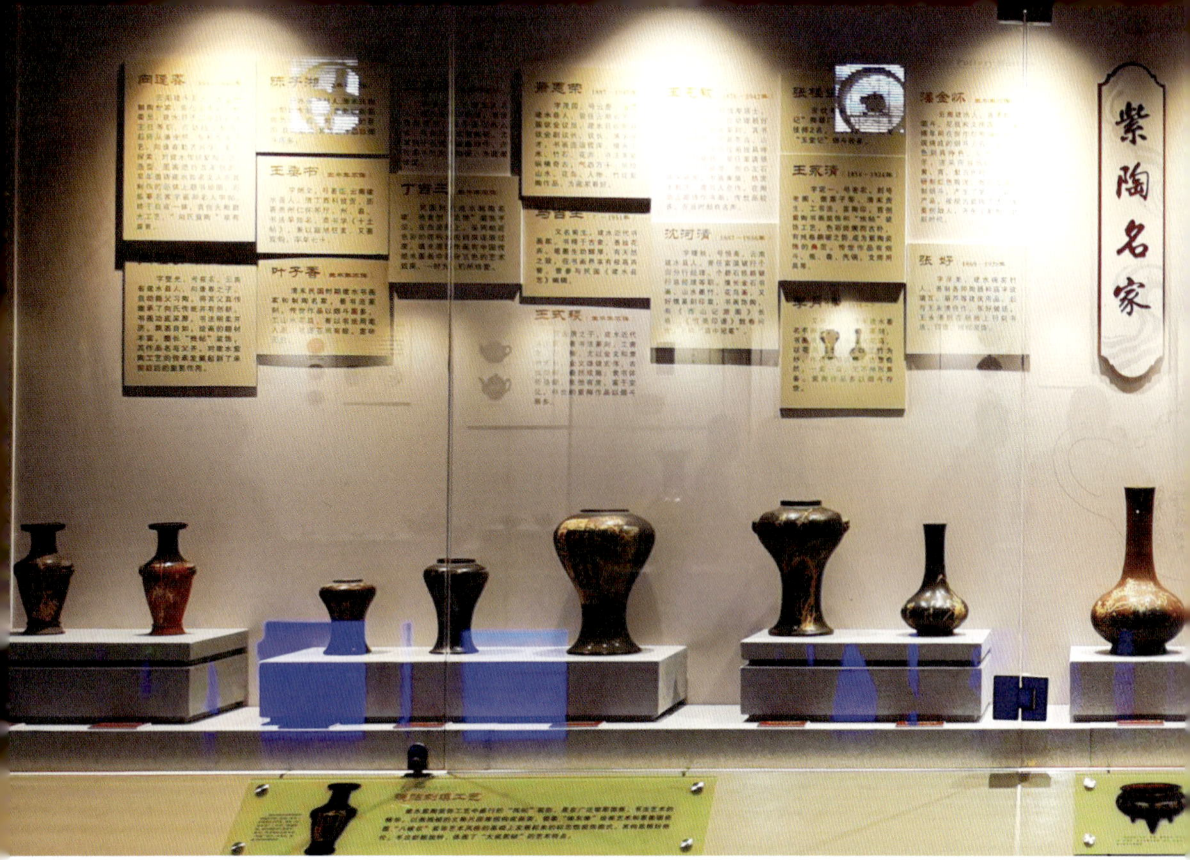
紫陶名家

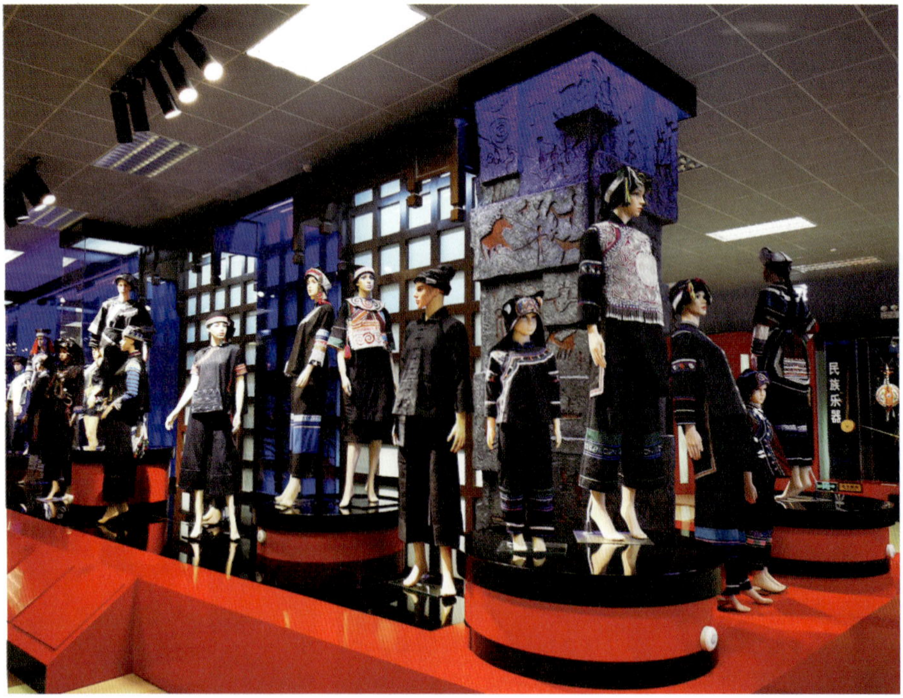
民族乐器

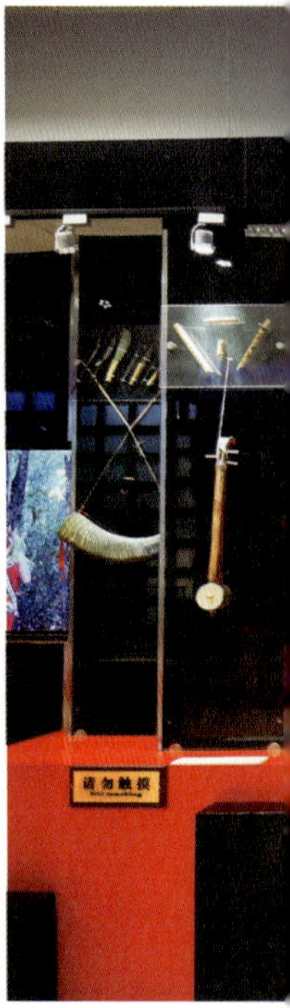
请勿触摸

红河州博物馆展厅 何松涛 / 摄

CHAPTER 04

美美与共的天然氧吧州

追根溯源,蒙自轰轰烈烈的历史是从一百年前粉墨登场的。而蒙自一百年以前的上千年文明史好像只为这一百年前轰轰烈烈的登场而准备的序幕。

弥勒市 陈保舜/摄

每一个到红河州旅行的人，除非你有充足的时间，走遍红河州的 13 个市县，否则没有去到的那一个地方，总是感觉遗憾。州府蒙自市、锡都个旧市、火车拉来的城市开远市、全国唯一与佛同名的弥勒市、国家级历史文化名城建水县、隐藏在时光深处的小城石屏县、红河州北大门泸西县、世界文化遗产哈尼梯田的故乡元阳县、侨乡红河县、"一线城市"绿春县、蝴蝶故乡和长寿之乡金平苗族瑶族傣族自治县、滴水苗城屏边苗族自治县、国门河口瑶族自治县，红河州的 13 个市县，都有自己与众不同的风景，但它们都有一个共同的特征，全部是天然氧吧市县。

蒙自：岁月长旅中的追寻

蒙自，一座北回归线上年轻的城市，一座中原文化与边地少数民族文化完美融合的城市，一座近现代多元历史文化最集中的城市，一座传承红色基因、英雄辈出的城市，一座美食遍地开花、随处可遇的城市，一座冬无严寒夏无酷暑、四季鲜花盛开、气候宜人的城市，一座政通人和、开放包容、和谐宜居的城市。

蒙自市有上万年人类繁衍活动史、2100 多年建县史，是云南为数不多的千年古县，也是云南文明的重要发祥地。在几乎所有蒙自的外宣词里，都会说：蒙自是云南对外开放的肇始地，是云南近代史上重要的对外贸易口岸，云南的第一个海关、第一个电报局、第一个邮政局、第一家外资银行都诞生在这里，它开启了云南对外开放的先河。这四个第一都诞生在蒙自，这里必然就有了不一样的魅力。

如果站在一张中国地图前,以首都北京为中心,放眼西南角,你会在视线的末梢,我们伟大祖国雄鸡版图陆地的边缘、巍峨哀牢山脉的一个褶皱里看到一个山清水秀风景如画的地方——蒙自。

追根溯源,蒙自轰轰烈烈的历史是从100多年前粉墨登场的。

这"四个第一"的由头在1887年的6月26日,这一天,《中法续议商务专条》签订,蒙自与蛮耗成为中越边界上的通商口岸。

蒙自这座曾经羞涩的边城,一座地理版图之中的美好土地,仿佛一夜间充满异域的声音,无以计数的高鼻子蓝眼睛的洋人出没于这座城池。继法国人在蒙自设立领事馆以后,美、德、日、希腊、意大利等国也相继在蒙自设立了领事馆。

一座商贸之城突然在整个西南地区升起。

蒙自,从此成为红河流域一个重要的工业文明符号。清末民初,蒙自作为云南最大的对外通商口岸,全省80%以上的进出口物资通过蒙自转运。

工业商业的兴起,必须要有交通作支撑,于是,滇越铁路的序幕就这样从蒙自揭开了。蒙自这座被商铺、洋行、马帮、饭店、酒吧所孕育的城池,正在孕育着一段世界历史上最悲壮的铁路筑路史。终于,1910年的列车带着20世纪初夜的梦幻缓缓驰来,火车的鸣叫声意味着中国西南的蒙自将经历滇越铁路最原初的传奇。自此以后,蒙自成了滇越铁路最显赫的中心,在近代一直处于历史、革命和时代的前沿。

今天的蒙自,作为红河州的州府,是滇南中心城市的核心区,

蒙自南湖 何新闻/摄

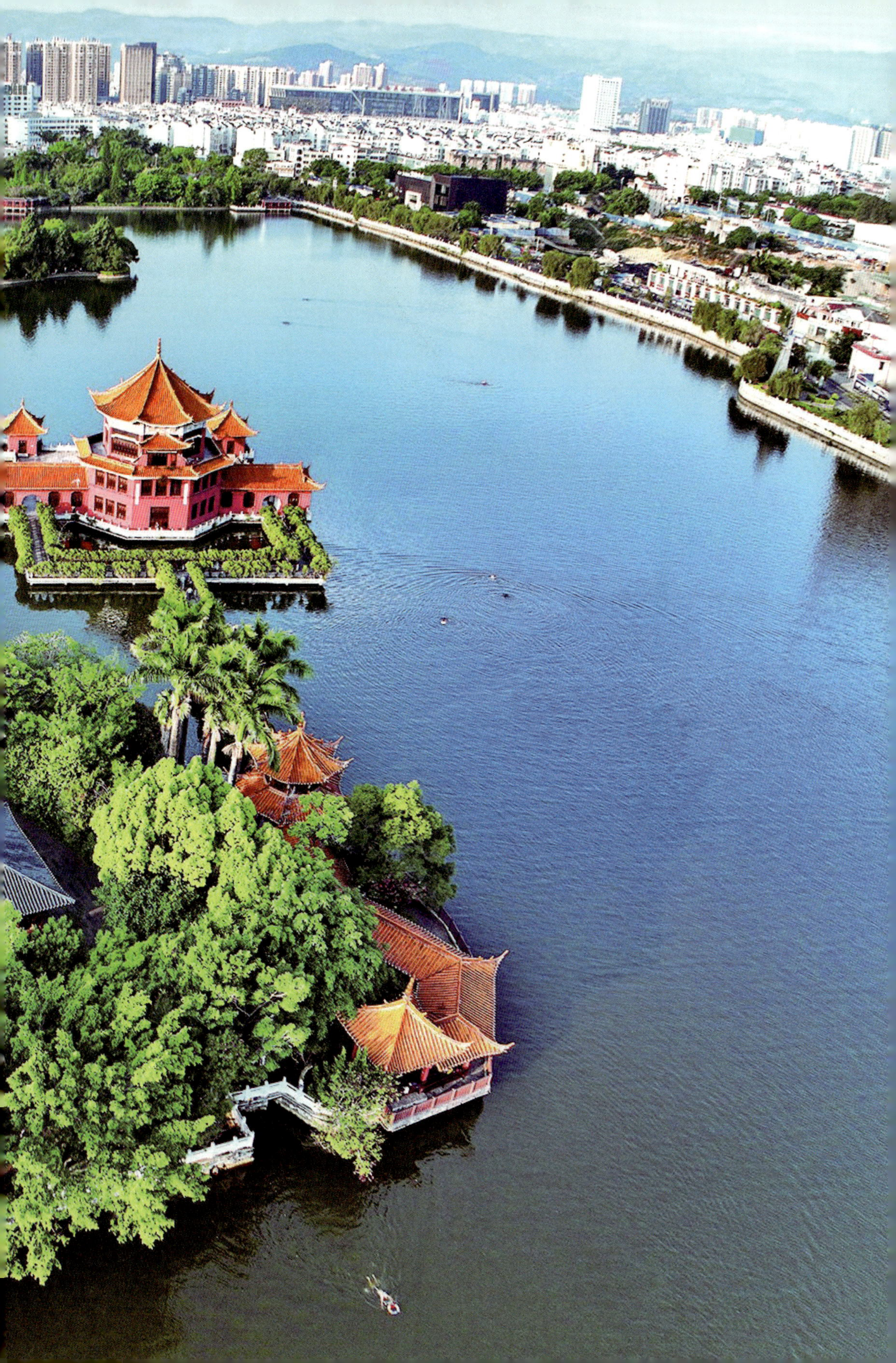

北回归线上最适宜人居的城市。如果你面对蒙自城中心如绿洲中的翡翠一样的南湖，凝视着朝阳里波光粼粼的南湖水，漫步在南湖畔，你会感叹仿佛走进了没有围墙的博物馆。

秀外慧中的蒙自南湖，东侧分布着若干幢法式建筑，与湖中中式风格的亭台楼阁和回廊曲桥形成鲜明对比。湖东这短短的200米"海关路"，见证着蒙自、云南的百年近代史，在这里，诞生了云南第一家海关、电报局、邮政局，以蒙自碧色寨为代表的滇越铁路……中共云南一大在查尼皮召开，使蒙自成为云南革命的摇篮，南湖至今仍保留着革命烈士纪念碑、闻一多纪念碑，激励着后来者继续奋斗、不断前行。

南湖东北角，坐落着西南联大蒙自分校旧址，朱自清、闻一多、冯友兰等一大批著名学者曾来到蒙自，撒下了民主与科学的种子。"南湖诗社"的作品更是能把读者带到那热血沸腾的西南联大校园，让读者不禁崇敬于那个时代西南联大学子救亡图存的家国情怀。面对苦难，中华儿女总有惊人的适应能力，南湖畔"刚毅坚卓"的西南联大校训更让人为之久久动容，不禁震撼于这所大学所展现出的国人所能达到的精神高度。

南湖汇聚了蒙自从自然到人文、从历史到现代的诸多元素，是个极具灵气又妙趣横生的一方天地。南湖是蒙自的核心景区，也是蒙自城市中心行人的道路。

南湖是路，也是湖。城中有湖、湖中有路，这是很少见的。南湖中有一条贯通南北的通道，步行从毓秀路或学海路到武庙街、北大街方向，从湖中直穿而过，是一条直达的捷径。如果环湖绕行，那就远多了。但对驾乘人员来说，南湖是一个很大的环岛，南湖虽在城中,单行道的设置也并不妨碍车辆的畅通。

南湖的白天很热闹。除了居住在周边常来南湖唱歌跳舞下棋的老年人,当地人特意来游南湖的并不多,但来南湖借道而过的人却很多。其实,行人到了南湖,也就变成了游人,纵然在赶路,也有了几分自在和惬意,便忘却了尘世的喧嚣,回归到自然的宁静中。

南湖的夜色很美。夜色笼罩下的南湖,湖中的亭台楼阁、廊桥栈道均被火树银花精心装饰,湖面的景色倒映湖中,霓虹闪烁,蔚为壮观。西岸的人不多,北岸有休闲广场,南岸高楼林立、灯火通明,与斜对角古朴的欧式建筑遥相呼应,商业的魅力在灯光的照射下更加璀璨,成为年轻人消费打卡的胜地,彰显着这座城市的张力和后劲。

今天的蒙自拥有"百年滇越铁路、百年开埠通商、百年过桥米线"三张文化名片,但每一次面对南湖,脑海中浮现的始终是这样一幅画面——闻一多先生叼着烟斗,回眸。那一刻的先生,面容冷峻、目光深邃,似在沉思、似在展望。有介绍说这是先生的学生在出行路上趁他回首时随意拍摄的,这看似随意的一瞬间,顿现先生的风骨、气节。

在南湖,在蒙自,你可以一直嗅到这种风骨、气节。这样的感觉,真的很宜人。

蒙自人晚上最爱去的地方,非大树寨夜市街莫属。

大树寨夜市街让城市更有"烟火气"。每天下午 5 点左右,摊主们陆续带着各自"装备",来到属于自己的"一亩三分地",熟练地摆好摊位等着顾客上门。被蒙自人称为"最接地气、最有

■带一本书去红河

烟火味的地方"。

  生蚝牛肉小黄鱼,鸡腿茄子豆腐小肉串……一想到它们被红红炭火烤得油花四溅,滋啦滋啦作响的样子,"烟火气"仿佛就在心中升腾,真是恨不得立马停下手头上的工作,直奔夜市烧烤摊大快朵颐……

  大树寨最不缺美食,从南到北,烤面筋、烤冷面、煎饼馃子、螺蛳粉、烤生蚝、捞汁海鲜……各显神通。还有手工糖画栩栩如

美美与共的天然氧吧州

生,白柠檬汽水便宜解渴,本地黄牛肉串香辣扑鼻,舂鸡脚、舂杧果等傣味酸辣可口。新派小吃也不甘落后,烤鸡、炸薯条、水果捞、冰激凌、手打柠檬茶、手工小蛋糕品种丰富,让人垂涎欲滴。

　　吃完美食,你可以走走逛逛,买一把鲜花,装点屋子,或是买点水果蔬菜,准备大展厨艺。就这样慢悠悠地在大树寨的烟火中,度过平常却幸福的夜晚。

蒙自南湖夜色　佴斌/摄

建水五龙湖 李世林/摄

建水：斯文人家，燕归故里

　　建水县古称步头，亦名巴甸。建水古城历经12个世纪的建设，至今保存有50多座古建筑，被誉为"古建筑博物馆"和"民居博物馆"。

　　或许是承接了太多高原紫外线的缘故，建水人多数皮肤黑里透红，普遍的性格特点是耿直、淳朴、厚道。用建水人自己的话说就是"像根憨莎莜"。建水人说人的量词不是"个"，而是"根"，"俟根人""几根人"。建水人不羡慕外面缤纷的大千世界，只是执着地热爱着自己的家乡。建水人的性格比较随意，就像建水现在的广告词是"一家人的建水"一样，是希望一家人团团圆圆住在建水呢，还是希望外面的人一家一家地来建水玩呢？随你理解吧。

建水五龙湖健康主题公园 张泽/摄

　　建水人不去羡慕别人的荣华富贵，也就避免了不必要的烦恼；建水人不为自己制定好高骛远的目标，不去想可望而不可即的东西，而是认认真真做好眼前看得清楚的事情。看看建水烧豆腐摊上一碗凉米线几块烧豆腐喝上几盅小酒的人，就知道建水人是怎样陶醉于自己的慢生活了。慢生活中的建水人似乎早就悟到了生命只在于今天，把握好当下才是最重要的人生哲理。

　　建水人爱夸自己的家乡，不提天堂苏杭，也不说是富豪排行榜上出富豪最多的地方，而直接说建水是"文献名邦"，历史上就有"临半榜"的记载。据说，建水在旧石器时代就有了人类活动的遗迹。建水曾称"步头"，"步头"的意思是此为中国最南端，再不回头就算越境，那麻烦可就大了。到唐代元和年间，公元810年前后，朝廷在这里筑起了惠历城。"惠历"是大海的意思，奇怪的是大海在这里了无踪迹，倒是历朝历代在此开挖的水井极多，从一眼井到十三眼井都有，所以这个地方名曰"建水"。

但明清两朝，官家都把这里设为临安府的所在地，在近6个世纪中，它一直是滇南政治、军事、经济、文化的中心。所以若论名头，"临安"要比"建水"响亮得太多。若非"临安"的源远流长，"建水"又哪能如今日这般风生水起？记得前些年，有石屏的文人雅士写文章说红河州的"文献名邦"不是建水而是石屏，建水人不动声色地来一句："明清时候的临安府的确是管着石屏。"

建水人有"牛"的底气啊。云南有"云南十八怪"，建水人说建水也有"建水十八怪"。听听建水人的"十八怪"怎么说——第一怪：新房没有老房帅；第二怪：三步走过五条街；第三怪：寨中有城城中寨；第四怪：半亩方塘也叫海；第五怪：东门比天安门还早盖；第六怪：百间房子一家人在；第七怪：人人都把孔子拜；第八怪：柱子出头不会坏；第九怪：宴席长长摆通街；第十怪：蜘蛛蚊子知好歹；第十一怪：榕树柏树谈恋爱；第十二怪：民歌小调下酒菜；第十三怪：说话比唱歌逗人爱；第十四怪：草芽当作象牙卖；第十五怪：燕子窝窝皇帝爱；第十六怪：烧豆腐用玉米数着卖；第十七怪：朱家井水漫井外；第十八怪：土锅通洞炖鸡卖。

"建水十八怪"的每一怪当然都有自己的出处，比如第十一怪"榕树柏树谈恋爱"，讲的就是建水文庙西明伦堂前，有一棵榕柏共生的古树，柏树亭亭玉立于中，榕树（建水人叫作"万年青"）怀抱柏树于外，建水人把这一树景称之为"万将军抱白小姐"。相传当年万将军奉命远征归来，与白小姐相见，欣喜若狂，

建水街道 张泽 / 摄

紧紧相拥，海誓山盟，永不分离，如今白小姐正温柔地在万将军怀中安然入睡。其实这一景象是一株苍劲挺拔老干疏枝的古柏，被另一株名叫万年青的小叶榕树紧紧抱住，形成两树枝叶交错。这一景象对于当年在文庙读书的学生来说，就是一个千古绝唱的爱情传说，"万将军抱白小姐"在情窦初开的学生眼里就是一棵爱情树。

又比如第十六怪"烧豆腐用玉米数着卖"，建水烧豆腐现在的名气很大，得益于纪录片《舌尖上的中国》。这部纪录片里有一集详细介绍了建水烧豆腐，令看过该片的吃货们垂涎三尺。到建水的烧豆腐摊上去吃烧豆腐，摊主一般会用一粒粒的玉米为你计数，最后以玉米多少结账，这是不是有点儿像古老的结绳计数呢。

再比如第十七怪"朱家井水漫井外"，讲的是如迷宫般有着"滇南大观园"之称的朱家花园，庭院中有井，井水水位高出地面，在井栏边伸手可掬。据说朱家当年生意兴隆与此水有关，有人称其为"发财水"。

当然，建水除了"十八怪"和城区众多的古建筑古井外，在距离县城十几千米的地方，还有一座建水人引以为傲的"国保"古桥——双龙桥。双龙桥也称"十七孔桥"，位于建水县西庄镇白家营村，跨泸江河与榻冲河之交汇处。双龙桥为典型的廊桥建

筑，也是一座十七孔石拱桥，为第六批全国重点文物保护单位。

双龙桥始建于清乾隆年间，初建时只是在泸江上建石桥三孔，后因泸江、塌冲河水泛滥，河床逐渐加宽，三孔小桥独居河中，不能横贯两岸，当地官民又于清道光十九年（1839）续建十四孔，与原建的三孔桥首尾相连，雁齿蝉联，合为一体，故又称"十七孔桥"。何谓"双龙"，即是以塌冲、泸江两条河汇合在一起，有一桥镇锁"双龙"之效，因而得名。双龙桥中间有楼阁及其台座，台座东西长20米，南北宽15米。双龙桥远看犹如一艘楼船，近观似长虹卧波，非常壮观。双龙桥承袭了中国桥梁建筑风格的特点，融桥梁建筑科学和造型艺术为一体，凝聚着滇南人民的高

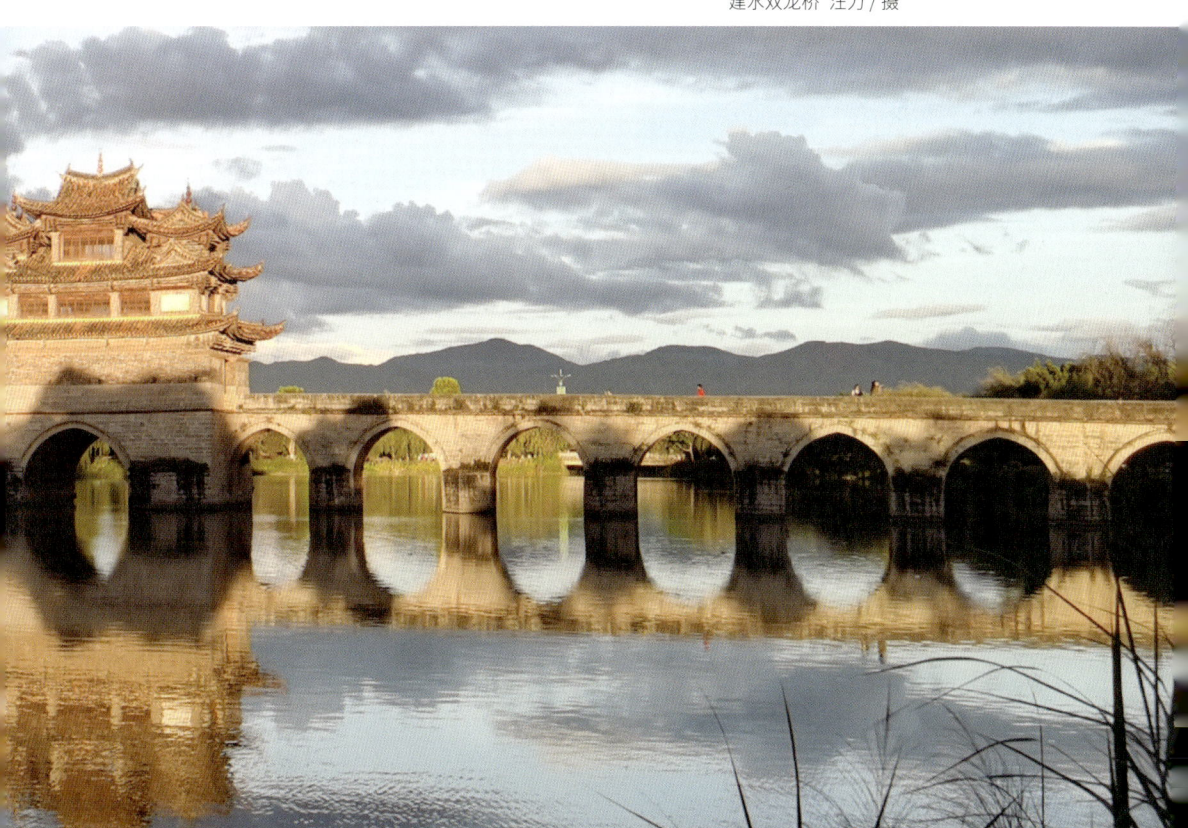

建水双龙桥 汪力/摄

建水紫陶里 普丹/摄

超技术和聪明智慧，其建筑规模和艺术价值在国内屈指可数，在中国桥梁史上占有重要地位，是中国传统石拱桥中的珍贵杰作。

　　建水的四季不分明，任何一天在建水街头一眼望去，都可以看到四季的着装——城里时髦的小姑娘总是长发及腰穿着露脐装；"香妃"（乡村非主流）们又总是顶着一逢或紫红或金色的、呈火箭升空时产生的蘑菇云般的直立头发，穿着比自己身材小一号的 T 恤招摇过市，全然不顾身边穿着丝绵小领褂的爷爷奶奶们会有何感受。在建水的年轻人眼里，建水的气候没特色，冬无雪花夏无酷暑，天天似春暖花开的感觉，想嘚瑟一下皮草、羽绒服都没机会。

每当夜幕降临，不妨来紫陶街逛逛。这里华灯璀璨，热闹非凡，此时人流熙熙攘攘的紫陶街和白天高冷的紫陶街完全是两副模样。紫陶街顾名思义是卖紫陶的地方，确实，白天的紫陶街最出名的当数紫陶，而夜幕下的紫陶街，除了紫陶，还有各种各样的美食和让人爱不释手的鲜花。

草芽米线、炒卷粉、烤豆腐、烤洋芋、烤红薯、烧卖、冰糕，还有各种水果……只要你想吃的这里都有。忙碌一天，点一碗草芽米线，加点儿店家自制的血旺，就是一碗地道的建水草芽米线。也可以点一杯奶茶或是冷饮，慢慢寻找自己中意的美食。爱吃烤豆腐的，就找一个小摊坐下，夹起烤得金黄的豆腐，裹上辣椒面，一口吃下色香味浓的建水豆腐……吃饱喝足，沿着紫陶街走走，店铺门口的小商品摊位上更是琳琅满目，让人目不暇接。

在紫陶街中间比较宽阔的地方，天天都有卖鲜花的摊位，一年四季各种各样的鲜花更是让人赏心悦目。紫陶街本来就有很多种植鲜花的地方，再加上云南冬无严寒、夏无酷暑的特殊气候环境，紫陶街上一年四季鲜花盛开，让紫陶街成了一条花街。

河口：从渡口奔向大海

河口瑶族自治县位于祖国西南端，与越南老街省隔河相望，因地处红河与南溪河交汇处而得名。从祖国的版图上看，河口在"雄鸡"鸡脚所在的位置，滇越铁路通车以后，这里就通向了越南的海防。那是海的堤岸，乘火车来的人们，在河口打开

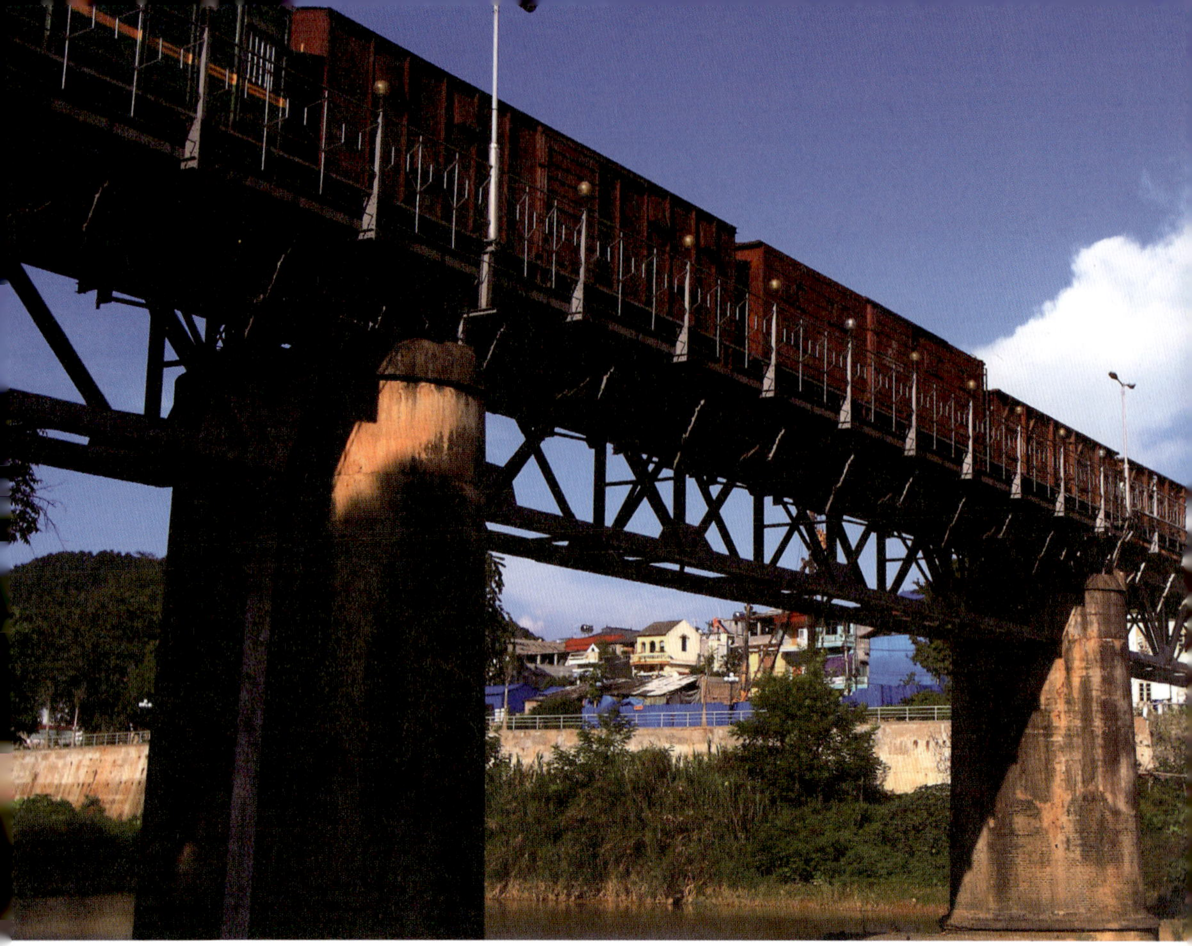

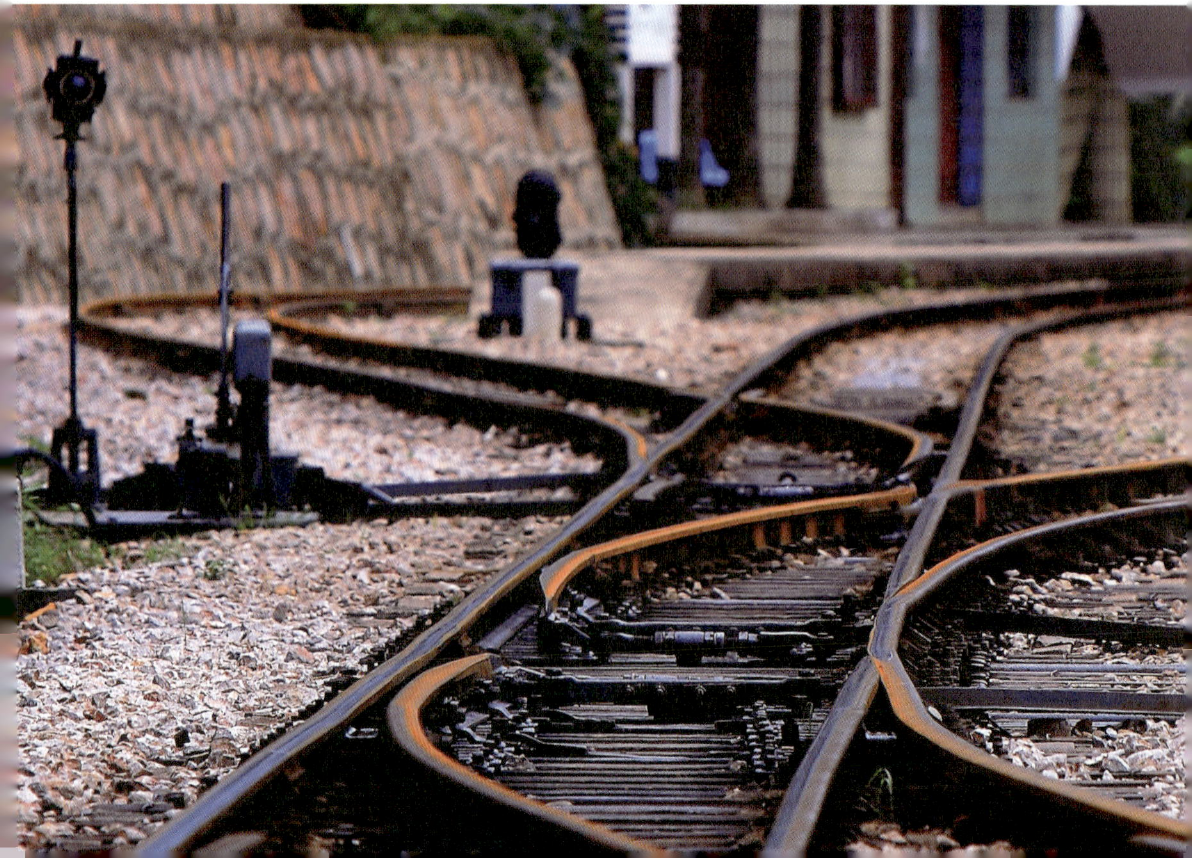

美美与共的天然氧吧州

了通往世界的大门、奔向大海的通道。

作为国门的河口，地处一山两河之间。一山就是大围山，两河就是红河与南溪河，两河交汇点是西南三省海拔最低点，两河在河口交汇后就流向越南了，而两河在河口的交汇处天然形成一水两色的景观。因为红河流经红土高原，河水常年呈红色，而南溪河河水清澈，两河的交汇点，河水一边是红色一边是绿色，如一条巨幅奔涌的彩带，漂亮而壮观地从中国河口奔向越南再奔向大海。

河口空气湿润，氧含量丰富，是一个没有冬天的城市，也是一个十分有利于睡眠的城市。

河口区位优势明显，

通往越南老街的中越铁路大桥，滇越铁路滇段的终点 马熙腾/摄

河口南溪站 马熙腾/摄

滇越铁路、泛亚铁路、昆河高速公路、红河航道经此通往越南，有三座大桥与越南老街市相连，是云南省三大沿边开放口岸之一，具有"县城即口岸，口岸即县城"的天然优势。河口与越南老街省老街市、巴刹县、保胜县、猛康县山水相连，其中县城与老街省的省会城市老街市隔河相望，自古以来是我国与越南、东南亚各国进行经济文化交流的重要门户，开放历史悠久，现拥有两个国家一类口岸、三座跨境大桥、三个省级通道、三座火车站。

河口是高原人奔向大海最近的通道了。高原上的人们，沿着每一条小河小溪的足迹，追逐着大海的身影。栖息在小河小溪身边的高原人，用简易的木舟、一身的好水性，承载一个奔向大海的梦想。

带着奔向大海的梦幻来到河口，站在岁月的肩膀上回望，看到的河口只是一座小小的渡口，那些在水岸上栖息的木舟，刻满了记事的光轮。水岸之上是盘桓着热带雨林和热带植物的王国，那些带着奔向大海的梦想迁徙到此的先民们，在河口寻到泉水的种子，开始了繁殖万物的凡俗生活。在那些被驿道所复述的历史中打捞碎片，在每一个无法复制的马蹄窝中，曾经张扬着怎样醉人的光辉，又残留着怎样悲伤的遗梦？那些残留在河口沿岸的古驿道，有的已经变成化石，而有的正在变成化石。

站在岁月的肩膀上回望，河口的崇山峻岭中，伸展出去的是一片充满了秘迹的营盘，沿着被几个世纪的先人们拓展的营盘，可见至今仍存于石夹槽间的古驿道遗址。在那些从红河流域的河口奔向大海的人群中，除了看见商侣们带着他们的财富之外，还可看见漂洋过海的探险者和留学生，他们带着生命中最年轻的履历，出现在海岸线上……千百多年来，河口见证了人世间超越国界的沧海桑田。

历史具有湮灭一切时间的魔法，人们从遥远的历史中看见了沧桑和死亡。河口是忧伤而沉重的，两千多年来的每一次轮回，都使它满面沧桑；河口是承负沉重历史演变的舞台，从关隘到国家级口岸，从承接历史的贸易之豁口，到承载时代繁荣的平台，河口自始至终守候着两千多年来形成的自然形态，从不失去它的尊严。

历史的转机出现在1993年的5月18日。这一天，连接河口与越南老街的中越铁路大桥恢复通车。"恢复通车"四个字背后是"我住江之头，君住江之尾，彼此情无限，共饮一江水"的友谊也同时恢复了。

一滴水只有汇入大海才能永恒。对于河口口岸而言，两条在这里拥抱的河流是河口的魂，从哀牢大地奔涌而至的南溪河及红河人民的母亲河红河在这里深情拥抱，汇聚着泥沙和晶体的河流，奔腾向大海。

今天的河口，历史又将翻开新的一页。百年滇越铁路曾经承载辉煌，泛亚铁路的构想更让铁路从昆明直通新加坡，把云南与东南亚国家紧密联系在一起。而河口，正是这个重要节点上的一个关键驿站。如今，泛亚铁路从梦想到现实，正以"小步慢跑"的方式，让铁轨在东南亚国家之间延伸，从无到有，由通而畅。

大海会载动波涛，让河口这座永恒口岸被世界看见。

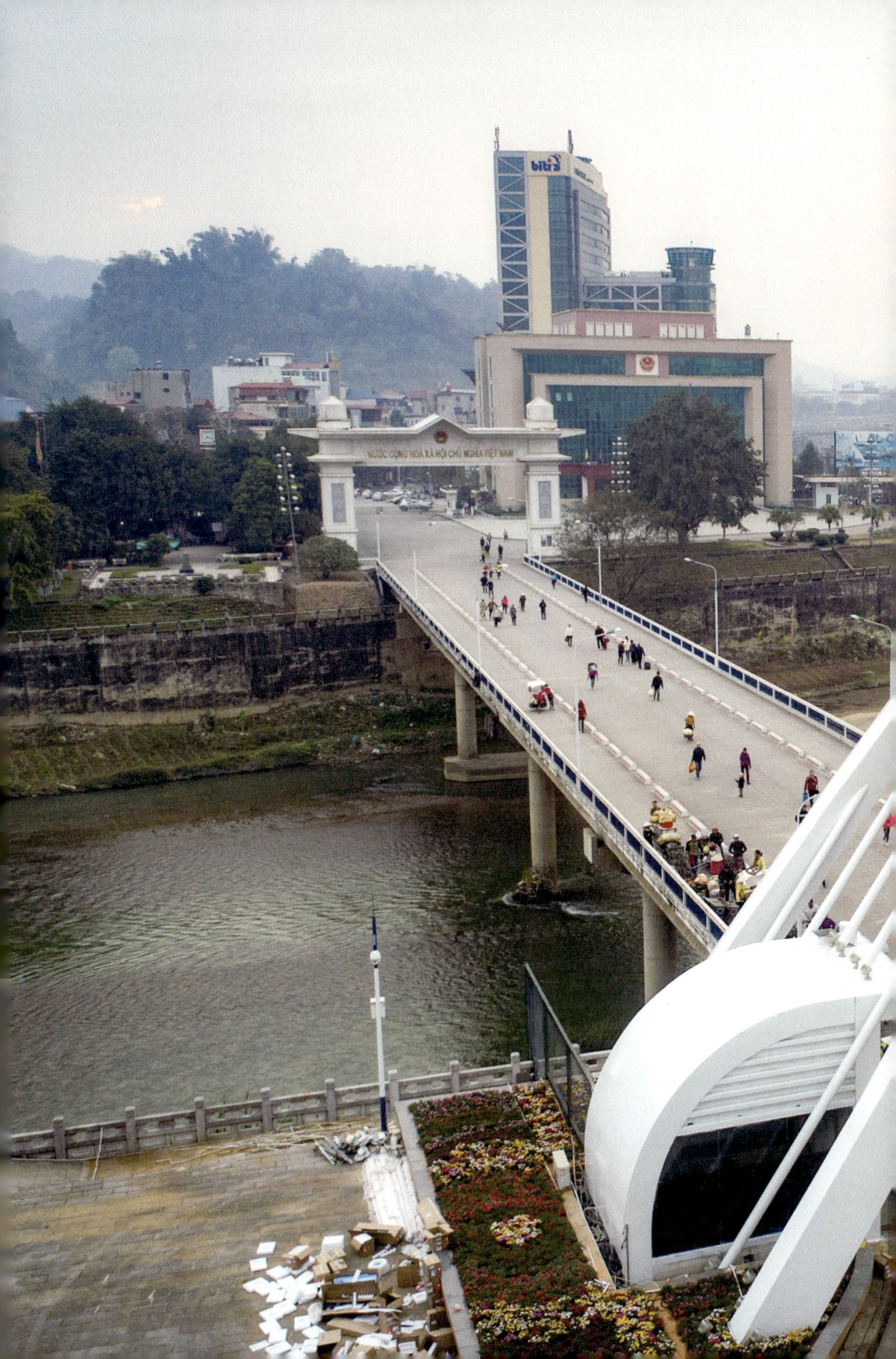
NƯỚC CỘNG HOÀ XÃ HỘI CHỦ NGHĨA VIỆT NAM

国门河口 马熙腾/摄

■带一本书去红河

个旧：世界锡都和一些不得不说的故事

　　个旧市作为一座城市或许没有多少名气，但是作为锡都就了不得了。它是中国的个旧，世界的锡都。

　　锡是什么？

　　锡在个旧就是一种诱人的矿产。锡沉重地潜伏于山脉之间、在遥远的山体运动之中，锡造就了个旧锡都的地质学符号。锡从西汉时期的序幕中闪烁而出，那些两千多年前的个旧境内的原住民们是最初开掘锡的使者。他们用古老的开掘工具，击开沉重坚硬的石头……拉开了一个以"锡"为主角的人类爱恨情仇精彩故事的序幕。

　　凡是可以产生巨大财富的地方，总是在"天堂"与"地狱"

个旧阳山生态公园　阮婷／摄

个旧新龙水库 梁荣生／摄

之间，也总会有许多传奇。在至今仍保存完好的历代矿冶遗址和数千千米纵横交错的矿道里，曾发生过多少惊心动魄、命悬一线的故事？今天的个旧人总会以一句概括性的"中国冶金活博物馆"而一笔带过，但那无声的矿冶遗址和数千千米纵横交错的沉默矿道，绝对是几十部、上百部长篇小说或是电视连续剧也容纳不下的素材。更何况个旧这座有着几百年锡矿开采历史的城市，它有一点儿烟雨江南的温婉，也氤氲着吴侬的山温水软；它虽然缺少大漠孤烟的苍凉，但却蕴含着塞北大漠的热情不羁。个旧，有波光粼粼的金湖，有恍如梦境的烟雨小巷，有月上柳梢的深深庭院，更有历经苦难的神秘矿洞……

　　个旧，这个有着几百年锡矿开采历史的城市，其实就是一座移民城市。多少淘金客怀揣发财梦想，为锡而来。但过度的开采终于掏空了世界锡都的腹肌，2008年，世界锡都个旧无奈进入中国首批宣布的69座资源枯竭型城市名单之列。数百家选矿厂因原料短缺逐一关闭，很多锡的追梦者到这一刻才有所醒悟，原来脚下连绵大山深处的矿藏并非取之不尽，而锡都的下岗工人更是对坐吃山空有了切肤的疼痛。

和大多数资源枯竭型城市人去城空的命运不同，个旧是一个特殊的样本。尽管昔日风光无限的"工人村"如今沦为一座资源枯竭型城市，然而数以万计的矿业工人还是选择留守故土，选择承受转型时期的阵痛，他们在寻找新的为这座城市做出贡献的通道。

经过几年的转型阵痛，个旧以凤凰涅槃的风姿重新焕发出风

个旧大屯新区　个旧市民宗局 / 供图

采。今天的个旧,锡的深加工已达到世界先进水平,个旧已经是以生产锡为主,并生产铅、锌、铜等多种有色金属的冶金工业城市了。

站在岁月的肩膀上回望,个旧是金属的城市,是世界的锡都,但除了锡,还有许多不得不说的故事。

比如,个旧还是适合睡眠的城市,离天最近的城市,女人的城市。

睡眠,于人是何等重要自不必说。睡眠,看似简单至极人人天生就会的一件事,其实是非常不简单的。睡眠至少要有两个硬条件才能入睡:环境和心情。试想,把一个人置身于火炉上,他如何能睡?再试想,如果一个人怀揣十万火急之事,又如何能睡得着?

而个旧,几乎就是一座恒温的城市,年平均气温 16.4℃,最冷的 1 月份气温在 10℃左右;最热的 7 月份,气温在 21℃左右。再加上个旧市中心有面积 0.7 平方千米的金湖的调节,气候自然湿润。在这样温度和湿度都刚刚好的环境中,只要不怀揣十万火急之事,谁都能安然入睡。

安然入睡其实是一件很愉快的事,睡好了才能有精力做其他的事。人的一生不说一半时间在睡眠中度过,至少也有三分之一的人生是在睡觉中度过的,所以睡眠于人的一生是何等重要自是不言而喻的。适合人睡眠的个旧,被称为"最适合人类居住的城市之一"自然是恰如其分的。

再说说个旧是离天最近的城市。云南由于特殊的地理环境和气候优势,蓝天白云的天气居多,但没有一座城市像个旧一样让你感觉到白云就在你的身边，离天很近。

个旧市区面积不大，属于高山峡谷地带，城区周边被老阴山和老阳山两座大山环绕，城中心位置有一湖泊名叫金湖，所以个旧平地较少，很多房子都依山而建。

只要是在半山腰以上的房子，常常会给人一种住在天上的感觉。如果你站在楼顶的平台，仰望老阴山山峰，只觉山峰已插入蓝天；转身俯瞰金湖，竟是一片碧绿，仿佛从天空坠落人间的一块碧玉。不知不觉间，有几朵白云从金湖上空飘过，似乎飘到触手可及的地方。你可能会屏住呼吸，怕惊扰了身边的白云……白云飘啊飘，从容不迫地飘向老阴山山顶。那一刻，白云近在咫尺，触手可及！那一刻，脚在楼顶，身在云间，心在天上！

如果城市有性别，那个旧应该是女性。没有考证过为什么环绕个旧的两座大山要分别取名"老阴山"和"老阳山"。老阴山坐落在个旧城的东边，远远高过坐落在个旧城的西边与之遥遥相望的老阳山。在个旧的许多宣传册里，这样介绍老阴山："老阴山是个旧的母亲山，从金湖西岸看，老阴山就像一位沉睡中的母亲，是老阴山养育了世世代代的个旧人。"民间就传说个旧的男人多是怕女人的。因为老阴山高，所以个旧的女人总是要欺负个旧的男人。个旧人的家里也是女人说了算，女人真正是当家作主的。或许，在许多家庭里，都是男人管大事，女人管小事。只是大多数家庭里从来没发生过大事，隔三岔五出现的都是小事，所以都是女人说了算。

但是在个旧街头，放眼望去，女人倒是一道亮丽的风景。因了气候、湿度等得天独厚的因素，个旧女人普遍皮肤白皙，一白自然就遮了十丑,所以个旧女人整体漂亮。

　　个旧的四季不分明,但金湖畔杨柳悄悄吐出的新绿总会提醒你,春天来了;个旧的夏天并不火热,仿佛只是春天的延时,因为人们从气候上感觉不到热了多少,只是觉得金湖畔杨柳悄悄吐出的嫩绿渐渐长成翠绿;当金湖畔的枫叶红了的时候,个旧的秋天就来了,个旧的秋天不冷,只是时常会飘过一些雨丝,让人觉出一丝凉意;傍晚,当人们踏着金湖畔的片片红叶散步的时候,自然就是冬天了。漫步在金湖畔,湖水平静得犹如凝固了一般。如遇雨天,金湖在群山和城市楼群的环抱中,会缓缓地弥漫起一片淡淡的雾气。夜幕一点点降临,环形的群山沉睡下去,高高的老阴山隐没在苍茫的夜色中,而城市的灯火倒映在金湖上,沉静地展示着这座小城的妩媚。

　　如果走得累了倦了,还可以去泡个温泉。个旧的温泉资源很丰富,如距个旧市区69千米的贾沙乡尼格蓝色温泉,是深藏在大山中的一处疗养胜地。

　　尼格蓝色温泉四周都是高山,这里的山都很有灵气,山中丛林密布,而且深藏着各种珍贵药材。烈日下,山间也会飘彩云。这里的空气格外清新湿润,深吸一口也润肺。与温泉相连在一起的尼格村是一个彝族村寨,村里的土掌房与温泉的欧式建筑形成鲜明的对比。居住在这里的少数民族,至今仍保持着浓郁的民俗风情。每天,村子里传出的公鸡打鸣声、狗叫声、踩碓声和着袅袅的炊烟以及寨子边层层的梯田,构成了一幅古老的山乡景色。

　　此外,还有丫沙底瀑布温泉也值得一去,这是云南唯一的氡气高温温泉。丫沙底是一个自然村。在这一带山腰世代居住的是

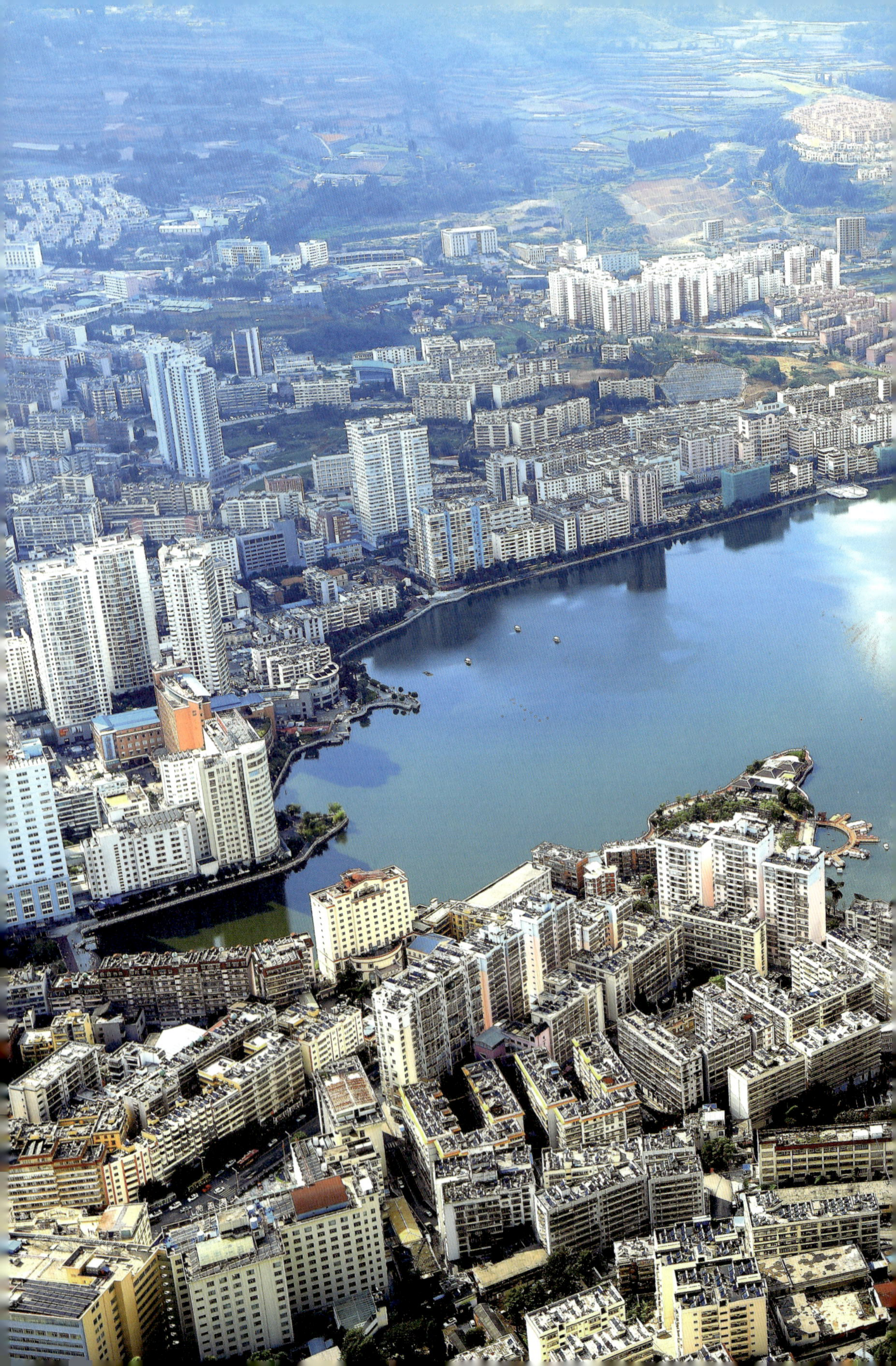

个旧 王小滢/摄

■ 带一本书去红河

彝族支系"尼苏人",主要靠种苞谷为生,而"丫沙底"也是彝语,意为"山丫有树的平地"。丫沙底瀑布温泉坐落在一个斜山坡上,依山而建,空气清新。两侧有贾沙河和龙泉河,在这个地方交汇后流入红河。

丫沙底的独特在于它既有火的激情又有冰的冷静。

我相信,这里曾经是火与冰约会的地方。

无从考证在几千年或是几万年前,丫沙底被地核内怎样的狂热掀开,地核中压抑了几亿年的激情在丫沙底一泻千里,火的激情吻过克勒大山冰凉的山谷,沉沉地醉在丫沙底深深的腹部……

激情燃尽,高潮退去,生命开始蓬勃。冰的柔情因火的激发而奔腾肆意成不可阻挡的激流从克勒大山飞奔而下,火的刚烈遇

个旧董棕自然保护区 袁乾 / 摄

冰的沉静羞涩成泪缓缓涌入丫沙底轻柔的腹地。凉泉、温泉相依相傍在丫沙底最隐蔽的谷地。

丫沙底绝对是一个不能长住的地方，因为它会让你乐不思蜀。最适合的居住时间是几天呢？我想是两三天，泡够了，游够了，疯够了，回吧，带着你一身温泉抚过的清清爽爽的肌肤，回到红尘中。等在红尘中累了，倦了，再来！

弥勒：一座建在公园里的城市

弥勒市是全国唯一一个与"弥勒佛"同名的城市。很多人试图沿着历史的脉络探索弥勒地名的起源，无奈总在浩如烟海的史书中沉沦，倒是从弥勒的疆域归属中窥探到一点蛛丝马迹。比如弥勒土生土长的著名作家梁刚就常常在史书中信马由缰驰骋千里……或许那是一个桃花盛开的正午，西汉早春二月的暖阳照耀着看似风平浪静的崇山峻岭，汉高祖刘邦或是文帝刘恒也或许是西汉的哪一个皇帝的幕僚们手指一点，弥勒境东北部为同并县地，西南部为律高县地，分属牂牁郡和益州郡。

时过境迁，日月轮转了七八百年，到了南北朝时期，不知道哪个幕僚们又把目光瞄准了远离帝都的、崇山峻岭中的弥勒，又是指点江山，弥勒境内又为西爨地，隶属南宁州。

时间的小马车不知疲倦，从容不迫地又越过了千年，千年时光在岁月长河中只是短暂一瞬，崇山峻岭、日月山河的容貌依旧，变化最大的只是金銮殿上轮流坐的皇帝。

但不知是皇帝对弥勒的疆域过分关注还是幕僚们对弥勒情有独钟，反正山肥水美的弥勒一次次成为各地诸侯们的争夺对象。唐初的弥勒称泉麻县，隶属郎州，唐天宝后归属南诏。到宋朝时，又隶属石城郡（郡治在今曲靖）。

再到元初，弥勒部隶属落万户府（今石林）。至元十二年（1275）置千户总，隶属广西路（今泸西），至元二十七年（1290）改置弥勒州，始设土知州。

时间的小马车又走了两百年，明弘治十年（1497）改土归流，弥勒又进入了朝廷视野，隶属广西府（今泸西）。仅仅只过了24年，明正德十六年（1521），弥勒直属省都司了。

时间的小马车继续前行，清乾隆三十五年（1770）弥勒州改称弥勒县了，隶属广西直属州。民国二年（1913）隶属蒙自道，

弥勒 李昱廷/摄

民国十八年（1929）废道隶省。

弥勒果真是风水宝地啊！哪朝哪代都备受关注。

中华人民共和国成立后，1953年设弥勒县彝族自治区（县级），隶属宜良专区；1954年7月划归蒙自专区；1956年12月建弥勒彝族自治县；1957年11月划属新成立的红河哈尼族彝族自治州后复称弥勒县。

地理位置上的疆域始终是那片疆域，只是改名换姓而已。

时间的小马车再走再走……2013年1月，经国务院批准，弥勒撤县设市。弥勒迎来了凤凰涅槃的时刻。

江河湖溪润泽弥勒大地，阳光雨露滋养弥勒儿女。今天的弥勒，已俨然是一座山水环抱的城市，北立锦屏，南走陀峨，东流甸溪，西涌碧泉。放眼望去，满目葱茏，波光水影。

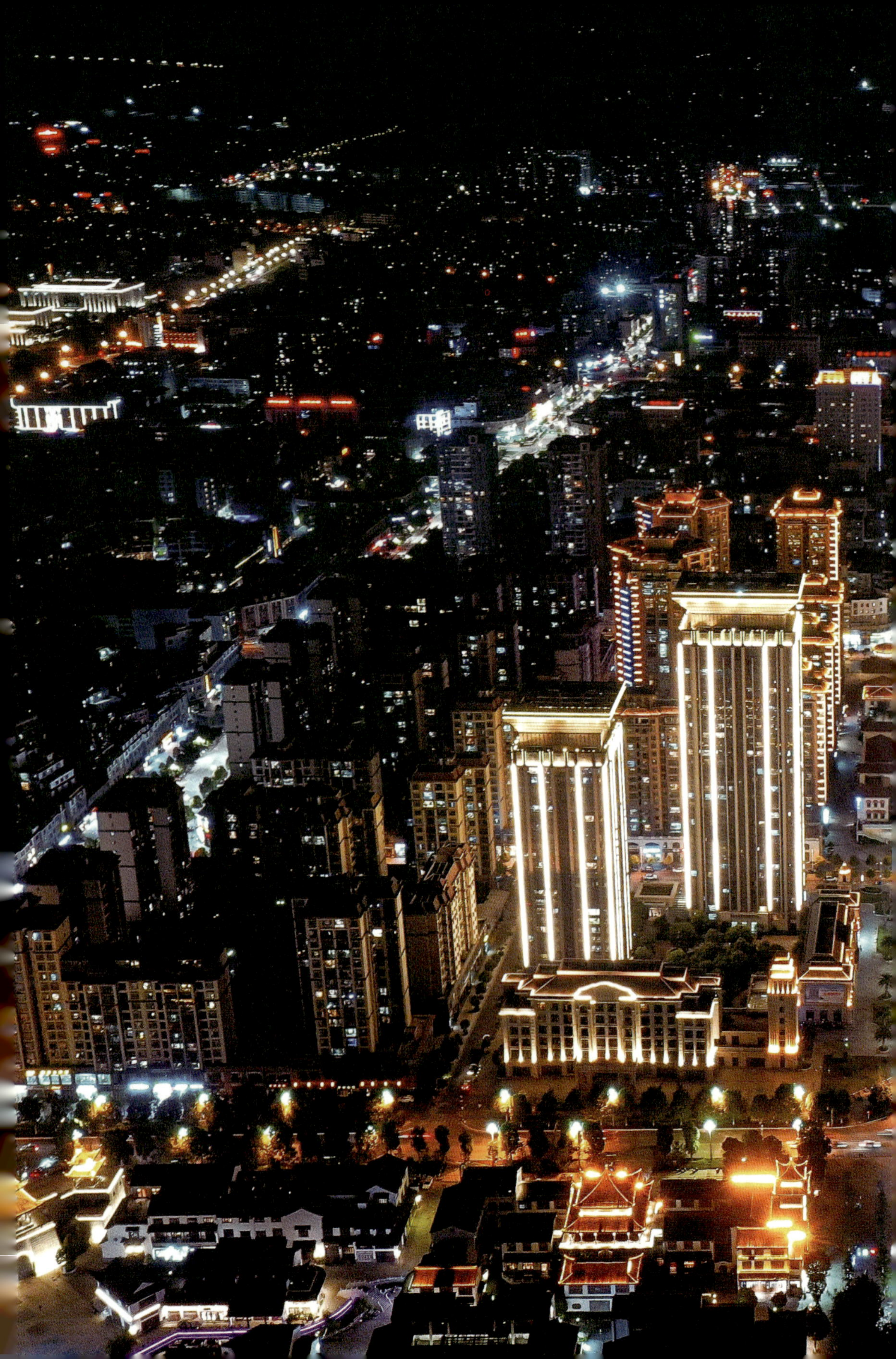

弥勒夜景 弥勒市委宣传部 / 供图

■ 带一本书去红河

弥勒湖泉 张国富/摄

美美与共的天然氧吧州

弥勒没有辜负水的恩泽，城园相融、蓝绿交织的城市格局，正是美丽弥勒形象的发力点，经济高质量发展的支撑点，人民生活水平提高的增长点。

温润的水让弥勒充满了灵性，温润的水也制造出了弥勒鳞次栉比的公园、湖泊和湿地。除了弥勒，想来全国不会有另外一座城市可以用鳞次栉比来形容城区公园密度之大，湖泉生态园、红河水乡公园、甸溪河湿地公园、髯翁森林公园、庆来公园、太平湖森林公园……从南到北，由东到西，整个城市被包围在公园里。市民正拥有更多亲近自然的空间，能够感受到万物生长的律动。

弥勒，是福地，因为它是一座建在公园里的城市。

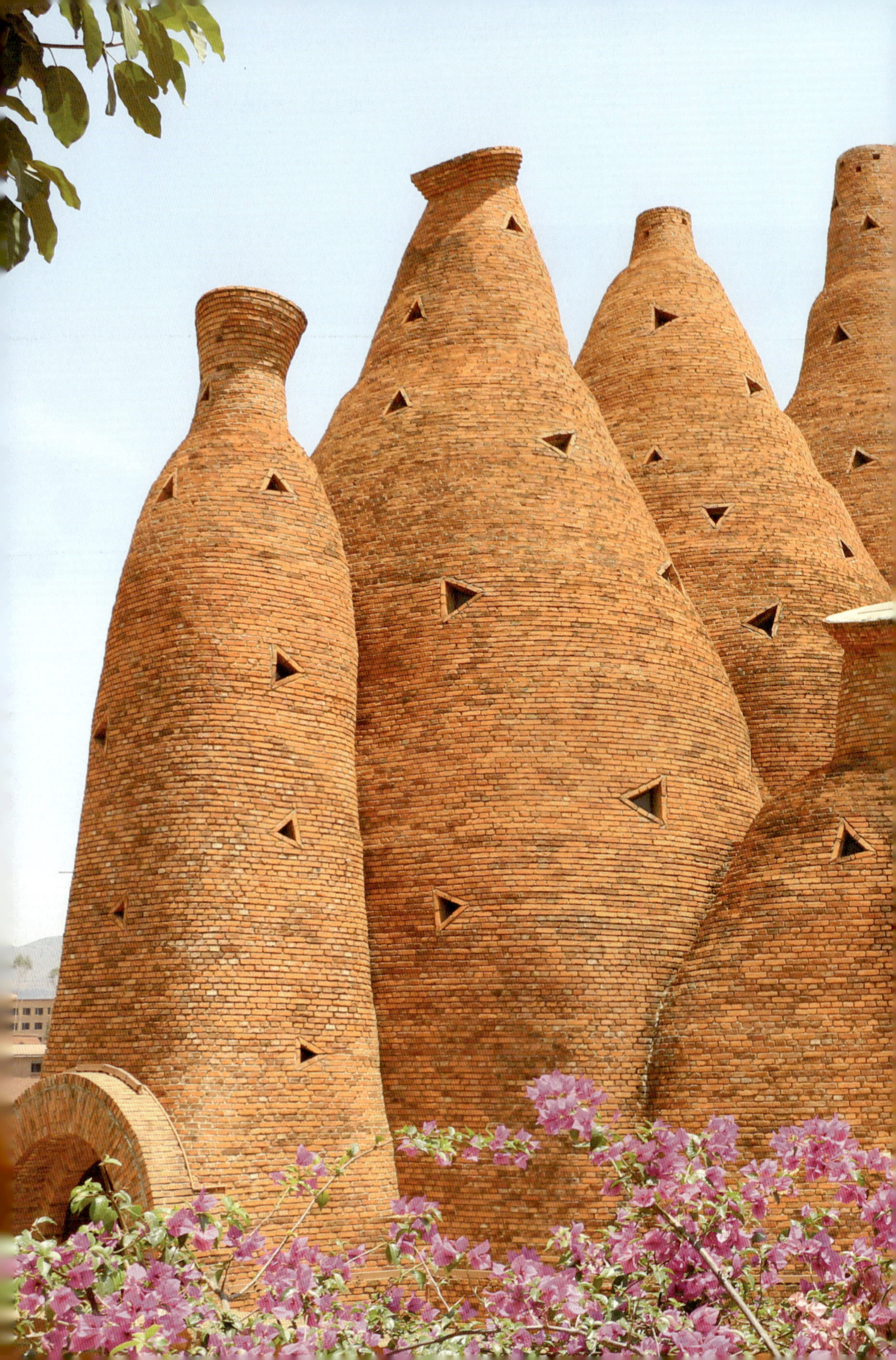

弥勒东风韵 弥勒市委宣传部 / 供图

■带一本书去红河

金平：蝶舞翩跹，瀑布磅礴，长寿之乡

  金平苗族瑶族傣族自治县，与越南老街省及莱州省接壤，县境内山峦起伏，沟谷纵横，立体气候明显，有着丰富的动植物资源，全县森林覆盖率达 64.5%，位居红河州前列，环境空气优良率常年保持在 99.3% 以上，素有"中国长寿之乡"等美誉。

  来到金平，不得不提的就是马鞍底。良好的自然环境和气候条件为马鞍底乡孕育多彩生命提供了得天独厚的优势。到了金平马鞍底，就是"两看一体会"。"两看"就是看蝴蝶、看瀑布，"体会"是体会一步两国。

  马鞍底谷内的蝴蝶种类有 400 多种，位居世界第一。由于这里海拔高差大，立体气候较为明显，森林资源丰富，形成了一

金平蝴蝶谷 李昆/摄

金平拉灯瀑布 官朝甲／摄

带一本书去红河

个天然的动植物基因库，尤其是原始自然的生态环境和植物的多样，为蝴蝶的繁衍提供了良好的寄主条件，被人们称为"中国·红河蝴蝶谷"。

每年夏季的五六月份，箭环蝶大量集中繁衍，山谷中、竹林里、溪流边，甚至公路旁、酒席上，到处可见翩翩飞舞的蝴蝶，形成一道亮丽的自然奇观。

来到马鞍底才知道什么叫山高水长。马鞍底由于森林覆盖率高，水资源丰富，有"山有多高，水有多高"的美誉，马鞍底五台山瀑布群景观包括五台河五级瀑布、滤水岩瀑布、太平河瀑布、天生桥瀑布景观。

五台山瀑布，隐藏在五台山原始森林中，在参天古树的笼罩下从高高的绝壁断崖飞泻而下，让人十分震撼。五台河，有河漫滩，河床上布满巨大砾石，深潭、洞穴也较普遍。由于落差大，水流湍急，形成了气势磅礴的五台山瀑布，一台瀑布犹如雪花飘逸，似有"白云当空舞，人间仙自来"的奇妙；二台瀑布幽深而寂静，集中而泻；三台瀑布如飞龙出洞，从狭窄的洞穴间奔涌而出，蔚

金平太平桥瀑布 徐阳/摄

金平天生桥 詹琳/摄

美美与共的天然氧吧州

金平天生桥 官朝甲 / 摄

■带一本书去红河

金平拉灯瀑布三瀑布 左凌仁 / 摄

为壮观；四台瀑布长发飘飘，从天而泻，似仙女下凡；五台瀑布从狭窄的洞穴间奔涌而出，蔚为壮观。

滤水岩瀑布就在滤水岩村的后面，瀑布从村子后面山峦上奔泻而下，巨大的水源来自海拔 3012 米的五台山原始森林，泉水顺着一块巨大的花岗岩倾泻而下，在森林中恣意流淌……远远望去，瀑布从郁郁葱葱的林海中冲出来，转眼又消失在滤水岩村；走到近处，可见瀑布抚摸着坚硬的青石板飞泻而下，溅起的水珠和飘散在空中的水雾扑面而来，拥抱着，滋润着哈尼蘑菇房。你可在滤水岩村的蘑菇房前赏日出，观梯田云海，看田间小鸭嬉戏，与蝴蝶翩翩起舞，沉醉其中，可能会以为穿越时空掉进一幅栩栩如生的山水画卷里，让你流连忘返。

太平河瀑布地处地西北村公路边，如一幅绝美的山水画。在此要重点说说天生桥瀑布，因为天生桥瀑布是可以体验"一步两国"的地方。马鞍底地处中越边境，东、南、西三面与越南的老街省坝洒县逝底乡和莱州省封土县瑶山乡接壤，边境线长达156千米。

沿龙勃河的下游逆势而上，不知不觉在观看中越两岸美景的同时，一不小心就来到了马鞍底地西北边的中越边境上，你就看到了恢宏壮丽的奇观——天生桥。步行至两个界碑之间，咆哮如雷的河流声从一道深40余米、宽仅有0.5米的天然裂缝里传出来，这就是天生桥，世界唯一的以裂缝为国界的地方。站在裂缝峡谷的小桥上，倾听来自大山深处咆哮如雷的水声，观看险峻幽深、雾气环绕的界河，感受大自然鬼斧神工杰作的同时，也会感叹人世间"一步两国"的神奇。

天生桥或许是几万年前又或许是上亿年前的某次地壳运动，使原本合在一起的巨大石块发生了分崩离析的骨折。骨折后的巨石裂缝深不见底，其实只要是个健康的人，有良好的心理素质，一步就可以从这块巨石跳过裂缝到达另一块巨石上。只不过这惊心动魄的一跳就跳出了国门呀，所以有"裂缝峡谷，一步两国"的神奇体验。

此外，还可以去距离金平49千米的勐拉温泉体验一番。"勐拉"，听名字就能猜出这是一个傣族聚居的地方。温泉藏匿在绿树掩映之中，没有围墙，不收门票，男女共浴一池。人泡在温泉水中，身心可完全放松，水中补给充足的营养，给人美妙的享受。来此温泉泡澡的，大多是居住在附近的傣族同胞，辛辛苦苦劳作一天，泡一个舒服的温泉浴，身心疲劳立即就无影无踪。

这是一座大自然恩赐的原生态温泉,山峦、河谷、花草树木均以一种原生态的状态自然地存在着,流淌着,生长着……这里有清脆的鸟鸣,有绵绵细雨的爱抚,有小松鼠时不时地光临,有叫不上名的野花淡淡的幽香……人在这样的环境中很容易就产生一种天人合一的感觉。

天人合一,不正是人们追求的最高境界吗?

勐拉温泉 汪英能/摄

绿春：山梁上的"一线城市"

绿春县城在云贵高原哀牢山脉崇山峻岭的一个褶皱里。

如果从天空中俯瞰，绿春是茫茫林海中一颗耀眼的明珠。

绿春县位于云南省南部，东与元阳县、金平县接壤，北与红河县相连，西北倚普洱市墨江哈尼族自治县，西南隔李仙江与江城县相望，东南与越南毗邻，边境线长153千米。

绿春县原名"六村"，从字面含义可看出建县时它是由6个村子组成的。据说在1958年建县后，周恩来总理依据境内青山绿水、四季如春的特点，亲自定名为"绿春"。

"绿春"就是绿色的春天。果真绿春的气候，四季温暖如春，且极目之处，定是绿色的大山。

绿春地形为折叠地貌，河流深切、沟壑纵横、峰峦叠嶂为县境地貌的主要特征。辖区内最高点为雄居县境中部的黄连山主峰，海拔2637米，最低点为小黑江与李仙江交汇处，海拔320米。境内无平坝，县城所在的山梁地势中部高，四周低，县城建在1700米的山梁之上，两侧都是沟谷，风景秀丽，山势险峻陡峭。山顶十分狭小，城内最宽的地方400多米，而最窄的地方只有30米，仅有一条8千米的长街贯穿全城，这条长街既是县城的主干道，又是国道，商铺、住宅都集中于这条长街的两侧，且这条长街全程没有十字路口，没有一个红绿灯，也不用担心会迷路，反正你沿着这条道路一直走就对了。故绿春县城被人们戏称为"一线城市"。

从红河州的州府蒙自驾车一路向北，向北，经个旧过元阳翻过一座一座的大山，或在山头行驶或在山间盘旋，在你有些晕头转向时，"一线城市"绿春就到了。

到了绿春一看，果真是"一线城市"。这里的房子，不是盖在山顶上就是盖在山腰间。在绿春，总有人对你说：绿春没有一块超过1平方千米的平地。每年到了冬天，雾气就会从山谷间升腾，逐渐把"一线城市"包裹起来，从高处俯瞰，云雾涌动，街道、房屋被云海簇拥，整个县城在云海之中若隐若现，仿佛是个"天空之城"。

天气晴朗之时，极目所至，全是大山。

山，于绿春来说是一个绕不过去的字。千百年来，绿春民族的发展史，其实就是人与大山相伴、相融的历史。

在绿春，人们见山修路，遇壑架桥，耕地种田，挖沟引灌，在大山深处传承着山地民族的文明精魂。

在绿春，人要想站在山顶会很容易，但要看到山外的世界却很难。不管你站得多高，极目必是绵绵不绝的大山，一座一座又一座……

对于高耸入云、气势巍然的大山，人类的通常做法是开山修路、耕地种粮。为了一块平地，绿春人想破了脑袋，并做出了"削峰填谷"的惊人之举。

这一理念的生成，源于绿春县境内山高坡陡、沟壑纵深、地势狭隘，地质灾害严重，发展空间受限。绿春人民必须面对现实，走出困境。

绿春虽被大山包裹，但从来不缺美景和美食。

层林尽染，绿意蔓延。国家级自然保护区黄连山位于绿春县

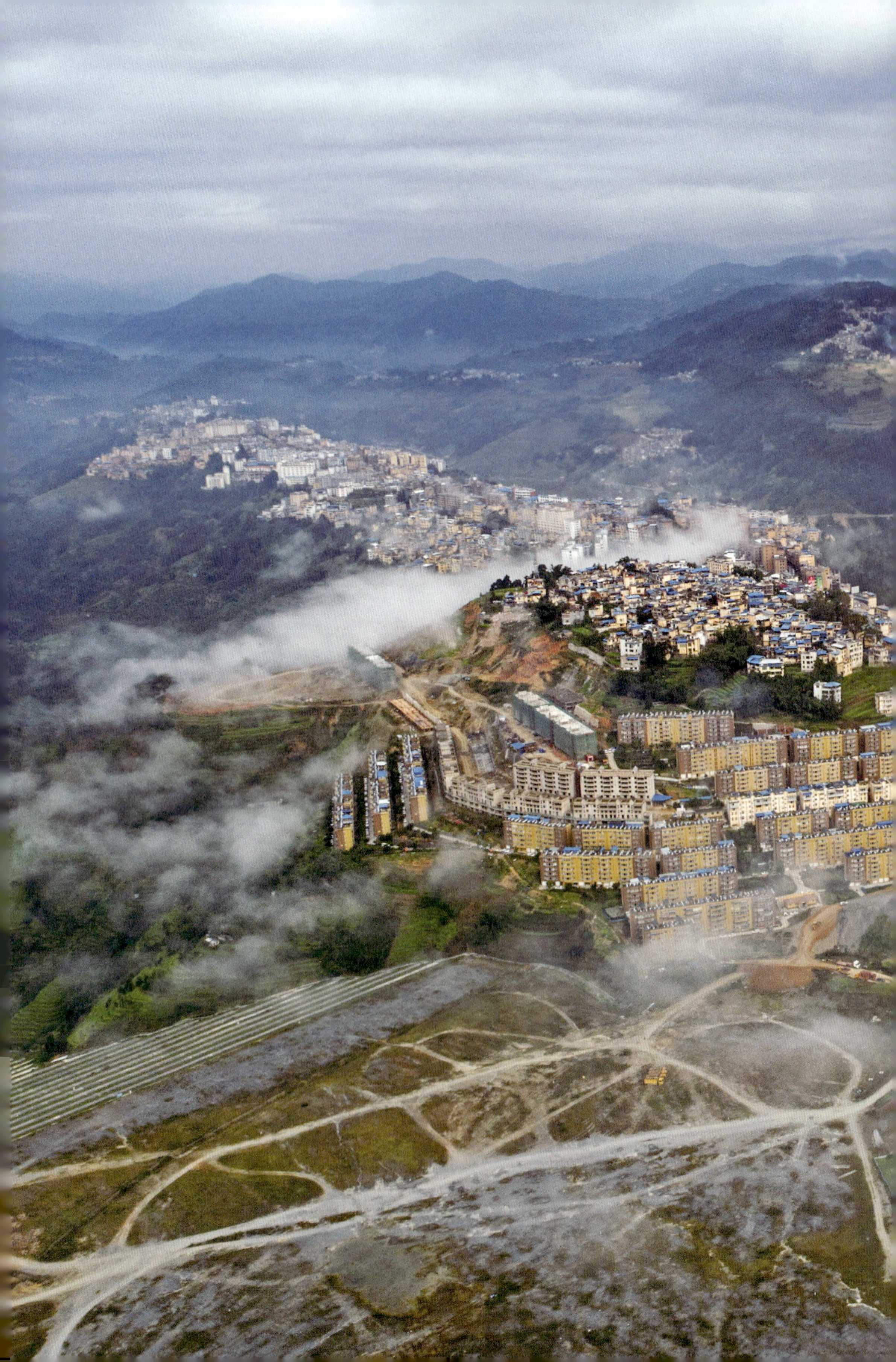

绿春县城 张洪科/摄

境中南部，为哀牢山南延余脉，它宛如一块翡翠镶嵌在中国西南边陲的中越边境线上，被称为中国、越南和老挝三国交界的"绿色大三角"。保护区海拔 2637 米，总面积超过 650 平方千米，森林覆盖率达 75.3%。与恐龙同时代的绿春苏铁蓬勃生长于黄连山热带湿热雨林中，是地球变迁的见证者之一；稀有的喜马拉雅红豆杉年岁已近千年，同样稀有的东京龙脑香也能在这深山中寻见踪迹；在这里，黑冠长臂猿和白颊长臂猿在同一保护区栖息，有憨态可掬的蜂猴，呆萌可爱的马来熊，体态雄伟、毛色绮丽的印支虎；在这里，各种动物经常跨越国界，游走其间……

"天上一块碧玉，遗落到人间，变成美丽的黄连山……"《黄连山之歌》唱出了黄连山的真实原貌。这片广袤的动植物天堂，集结了众多"精灵"，展现着黄连山生物多样性的姿态与样貌。据不完全统计，目前，黄连山保护区已知维管束植物 240 科 1114 属 2863 种。

如果你有幸在绿春赶上哈尼族人的十月长街宴，那一定是一场人间惊鸿宴。桌靠着桌，人挨着人，几千桌一起开席，万人同乐。长街宴是哈尼族人庆祝丰收的盛大仪式，哈尼族人用这样的盛大仪式感恩大自然的馈赠，万人一起歌唱，一起跳舞，一起欢乐，那一刻，人们只记住了快乐，只感受到幸福。

开远：火车拉来的城市

开远，地处中国南疆的交通要塞和通往东南亚的陆上咽喉要

百年滇越铁路穿越开远凤凰山 陶家淇/摄

道,因100多年前通车的滇越铁路穿城而过,开远一直被誉为"火车拉来的城市"。

作为红河州的老工业城市,开远承载了很多人的奋斗记忆。中华人民共和国成立初期,由于社会主义建设的需要,从四面八方汇聚到开远的人,操着方言味的南腔北调普通话又混合着开远本地的方言,造就了一种独特的语言环境,就是在不大的一座城市,居然口音不同,可区分出"本地话""铁路话""电厂话""解化厂话""汽车总站话"等。比如"解化厂话",解化厂是由当年的一个部队的官兵统一转业组建的一个化工厂,所以在这一区域工作生活的人,口音自然是南腔北调五花八门,经过几十年的融合"发酵",形成了今天包含着某种相同音素和语素的口音,而这种口音又是独一无二的。

开远的市民大多是工人及其后代,除了与本地的彝族、哈尼

■带一本书去红河

开远知花小镇 陶家淇/摄

美美与共的天然氧吧州

开远城区 陶家淇 / 摄

开远城区 陶家淇 / 摄

族、苗族、壮族、回族群众的口音有明显的不同外,言行举止几乎看不出其他区别,可见开远这座边地移民城市的大度、包容。

除了口音外,开远又一个独特的标志是各类工厂里高高耸立着的大烟囱。这些高耸的大烟囱,是一座工业城市无言的壮美。无论是至今仍理直气壮地冒着白烟或青烟的大烟囱,还是早已熄灭了内心烈焰的高高矮矮、粗粗细细的大烟囱,都是这座城市的显眼的标志,彰显着这座城市对中国经济发展的贡献。

开远也是一座"火热"的城市,其低纬度、高海拔的地理位置和亚热带高原季风气候,使得开远夏长无冬,秋春相连,日温差大,年温差小。

不要以为开远作为一座工业城市,就没有美丽的景色,其实开远旧有"七泉八景"。"七泉"指灵泉、鳌泉、古灵泉、百岁泉、冰泉、温泉、玉杯泉;"八景"指龙游南洞、鱼跃北江、晚日照山、晓月坠岭、温塘春浴、冰泉夏灌、火井烟光、禄丰积雪。只是多年来,人们忙于大生产大建设,许多原有的景点湮灭了。现在主要的旅游景点有南洞、热带植物园、灵芝湖森林公园、云窝寺等。

南洞风景区位于城南郊约10千米处,由大小不一的8个溶洞组成,有的高踞山腰,有的屈俯崖脚,参差错落,以东侧悬崖中的通灵洞为大。洞内暗河潜流,长数千米,于洞前涌出,汇之深潭,又顺流而下,为清水河,现称"南洞河"。桃源洞内,钟乳石发育完美。洞外一潭碧波,四围古木,是极佳的休憩之地。

亚热带植物园内四季树木繁茂,鲜花盛开,是云南省规模较大、功能较多的植物园。

灵芝湖森林公园在开远市区以东约33千米处，面积超过4平方千米，海拔2100米，森林覆盖率达67%，水域面积约0.07平方千米，是一个无任何污染的自然公园。

云窝寺始建于1727年，为古阿迷四大景观之首。寺有"三奇"，"景奇、水奇、树奇"。寺门一株参天红豆树，是国家珍稀物种，树龄300多年，被云南省林业厅命名为"云窝红豆"。

开远西城区还有一条历史悠久且充满烟火气息的老街，南正街历史文化街。南正街多为低层商业建筑，同时也包括具有历史意义的滇越法式建筑。

南正街的历史可以追溯至明清时期，经过多次修缮和改造，现在已成为一个微缩版的开远市，记录着开远百年的历史。街区内有多个文物保护单位，如始建于清雍正年间的九天阁，是开远市的标志性建筑之一。

开远南正街有着与建水紫陶街和蒙自大树寨全然不同的气质，紫陶街浪漫，大树寨接地气，而南正街则是怀旧的。当你走到这里，就会被怀旧的建筑设计和招牌吸引，夜晚的灯光让南正街更具氛围，五光十色、灯红酒绿，仿佛一步穿越回到了20世纪的繁华都市。

南正街的美食也与别处不同，传统砂锅饭搭配各式咸菜，各类烧烤层出不穷。在南正街，有极富情调的酒吧、咖啡厅，也有面包店和火锅店，满足你多样化的味蕾需求。你可以到咖啡厅里闲坐，发发呆；也可以点一盘烤串，来一打啤酒，在烟火中和朋友畅谈人生；或是穿上旗袍、长衫，拍一部穿越大片，触摸历史的沧桑……

■带一本书去红河

石屏：藏在时光深处的古城

　　石屏县在云南几乎是一个被遗忘的旅游目的地，也因为多年来的被遗忘，所以很多古迹被原汁原味地保存下来，尽显岁月里的无声之美。可以说，石屏是一个藏在时光深处的古城，古韵依旧，源远流长。

　　传说石屏古城是建在一个浮在水面的大神龟壳上，凿穿上面的龟壳，下面就是水，所以这里居民家家凿井，凿通以后，水源便取之不尽，用之不竭，而且城中水井都是相通的。

　　县城的东、西、南、北、中各有一眼深井，传说这是锁住神

石屏郑营村 张绍全／摄

龟奔海的五根基柱。今天这五口井还在，而且用这五口井水制作的豆腐美味可口，石屏豆腐也因此美名远扬。

　　石屏有着源远流长的历史传承和深厚的文化底蕴。从元代起，石屏就有重教兴文的传统，到了明清时期，这里有书院10座，私塾、义学上百处，为明清两代的"文献名邦"。明清两代石屏出过638个举人、77个进士、15个翰林和云南唯一的经济特科状元袁嘉谷，有"五步三进士，对门两翰林"之说。

　　石屏在云南有两个"第一"。2015年，石屏县成为入选第一批"中国历史文化街区"的云南唯一上榜街区。郑营村是石屏县宝秀镇的一个小村子，第一个被命名为云南历史文化名村的古

石屏郑营村　张绍全／摄

村落，后来又被评为国家级历史文化名村，人称"云南第一村"。

石屏古城至今仍保留了一批较为完整集中的明清古建筑、古民居，包括太史第、进士第、将军第、观察第、宗人府和私家花园多处，是滇南地区传统汉文化最为发达，历史文化遗址、遗物最多，文物古迹最为富集的地区，难怪被很多专家称为"明清建筑博物馆"。

石屏古城完全没有商业开发，也就没有其他古城浓重的商业化气息。你如果到了石屏，也没人把你当游客。这里每一条巷道的寻常民居中间都会出现一间或几间气势宏大的建筑，建筑风格虽与周围的民居相似，但无论是整体的阔大还是细部的精致都显示出房主人曾经的身份和特殊的背景。这样的老屋一律都被当地人称为"某某大院"，如周家大院、喻家大院、丁家大院、杨家大院等，而且门上都有写着"保护民居"的牌子，并标有保护级别，诸如省级、州级或县级。据官方统计，石屏古城受保护的民居有192栋。

一般的古城都会有许多类似神话的传说，石屏也不例外。石屏的地名据说就是由一块巨大的天然奇石——石屏风而得来的。

被誉为"天设地造"奇观的石屏风位于石屏县喻氏名宅内，石屏本地人习惯称这里为"喻家大院"。关于石屏风的种种神奇故事，很多石屏本地人都能讲出几个。据说早些年石屏风因为太过奇特而多次遭盗贼惦记，但就算是武功高强的盗贼，每次都是无功而返，因为看似不很大的石屏风是有根的，根本挪不动它，或许它和石屏的地壳就是融为一体的。

整个石屏风长3.34米，宽0.48米，高2.78米。根部有缸口那么粗，呈扇形向上展开，左右两边向中间收缩，像一幅盛开的石花平面图。

石屏风上有大大小小上百个孔洞，看上去形态奇异。这些孔洞密密麻麻，细看百态千姿，凸凹嶙峋，妙趣横生。有几个球状物体镶嵌在石屏风上，据了解其为砂岩，因为硬度比较高，因此一直镶嵌在石屏风之中。

清代书法家涂晫据其形状，在后面照壁上狂草"醉石"二字。清代解元、喻家大院的主人喻如圣题联赞曰："龙虎风云成聚会，石屏人文此根源"。前些年，著名书法家、喻家后人喻世瑛又把这副对联题写在"喻家大院"的大门口。

据科学考证，石屏风是一万多年前形成的泉华（矿物质沉积物），深植于地下。因为它天生地长、玲珑通透，现已成为石屏古城一道独特的自然景观。

今天的石屏古城依然是一座被历史围困的古城，一座千百年岁月堆积而成的古城。密密匝匝的老屋构成石屏古城的历史"现

石屏风　王若杰/摄

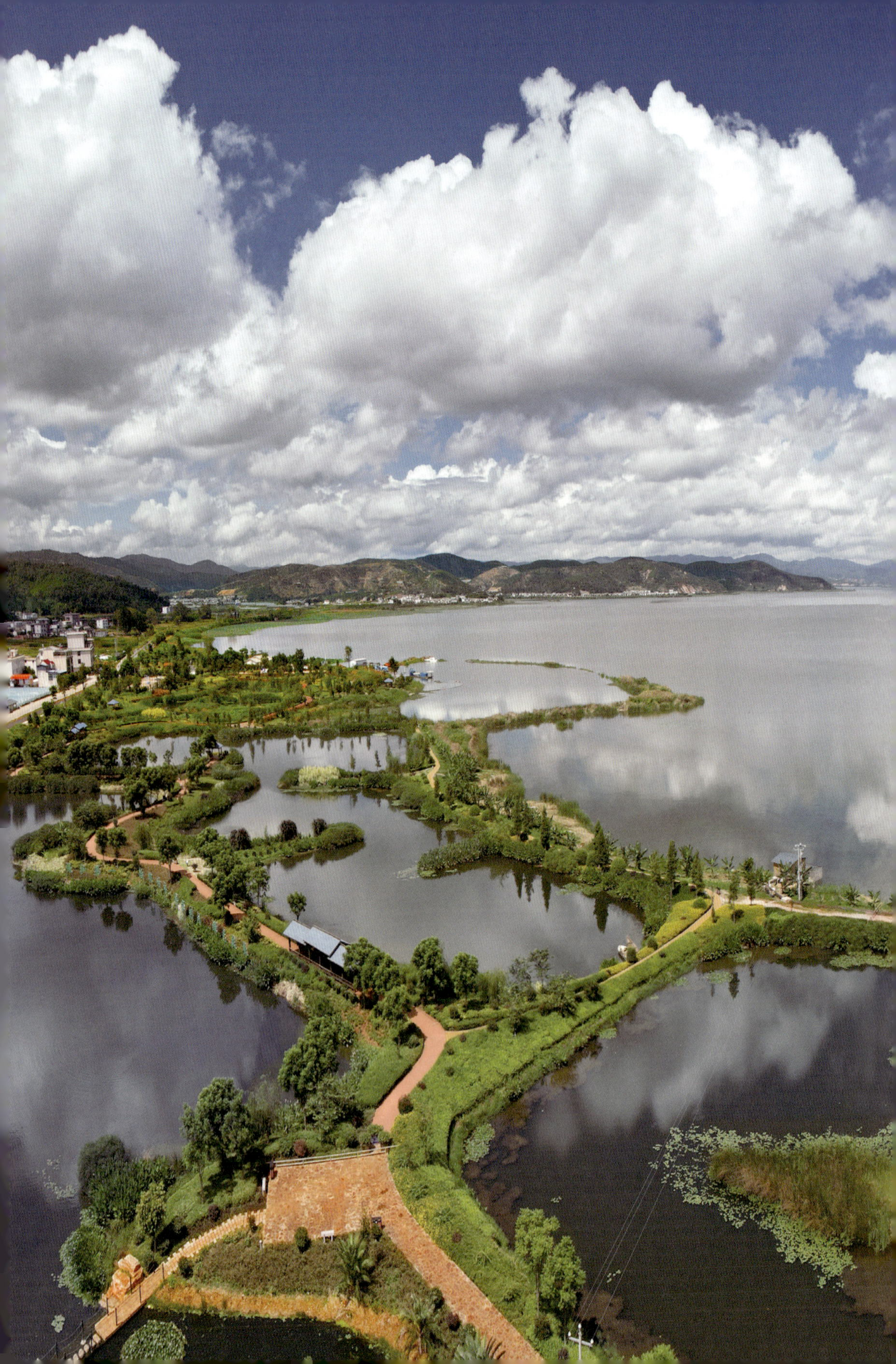

石屏异龙湖 张进发/摄

场"。每一间老屋都仿佛是这部历史大书的某一个"片段"或"册页"。生活在某一个"片段"或"册页"里的居民生活节奏缓慢，悠然自得，朴实友好，这就吸引了许多喜欢慢生活的人到这里旅居。步行在老城的街巷，看看老房子，吃点烧豆腐，享受惬意的慢时光。

到了石屏，其实也就到了异龙湖。

异龙湖是云南省的九大高原湖泊之一，是石屏人的母亲湖，也是省级风景名胜区。

碧波浩渺的异龙湖紧临石屏古城，周长约75千米，水域面积约39平方千米，湖边建有标准的马拉松赛道。

异龙湖为云南九大高原湖泊中最小的湖泊，吐口在东，称湖口河，位于新街。河上筑有拦水阁，楼台玲珑别致，琉璃瓦闪闪发光。湖口河向东流经建水，会旷野河而为泸江，汇南盘江流入珠江。

异龙湖湖面宽阔，你可在碧水旁蓝天下来一场酣畅淋漓的环湖骑行，尽情释放自己的激情；也可坐上"状元号"小火车，穿梭山林间，饱览湖岸秀丽风光；或者走进青瓦粉墙的农家小四合院，在悠扬的彝族特色音乐"海菜腔"萦绕下，与友人品尝着特色农家菜，追忆最初的一缕乡愁。

如果你是盛夏时节来到异龙湖，这时湖内荷花争奇斗艳，清香远溢，或泛舟异龙湖，追寻碧海蓝天，或误入藕花深处，惊起水鸟无数。

如果你是冬季来到异龙湖，这时又会看到上万只红嘴鸥盘旋在碧海蓝天间，人鸥同乐，又是另外一幅绝美的风景。

屏边：滴水苗城，山水春城

屏边苗族自治县，位于云南省南部红河州东南部，距省会昆明 320 千米，距州府蒙自 59 千米，是历史上南方"古丝绸之路"的途经地。

屏边是云南省唯一的苗族自治县，也是全国单列的 5 个苗族自治县之一，还是古丝绸之路的必经之地，是通往东南亚各国的陆上交通要道，被誉为"世界苗人向往的故里，千年苗文化绽放的故乡"。

历史上，苗族长期居无定所，频繁迁徙，生活贫困。谚云"老鸹无树桩，苗家无地方""桃树开花，苗族搬家"。苗族过着"吃千个水井，住万个屋基"的颠沛流离的生活。屏边的苗族和远古时代的"九黎""三苗""南蛮"有着密切的关系。他们的祖先由湖南洞庭湖一带流迁贵州。清代中期进入云南的罗平、丘北砚山、文山、马关、蒙自后再迁入屏边。迁徙的时间已无据可考。

对于今天居住在屏边城里的苗族人来说，或许祖先迁徙的时间已经不重要了。事实上，他们已经在美丽的屏边城定居了几代甚至十几代了。并且经过几代人的努力奋斗，今天的屏边城，不管你从哪一个方向进入，都像进入一个充满着苗族文化氛围和独特苗族风情的景区。

屏边城是景区，也是县城，它有一个形象又好听的名字，叫"滴水苗城"。屏边的海拔约 1100 米，这个海拔高度被认为是宜居的最佳标准，这使得屏边成为一个理想的居住地。此外，屏边县城周边是大面积的原始森林，特别是大围山原始森林公园，

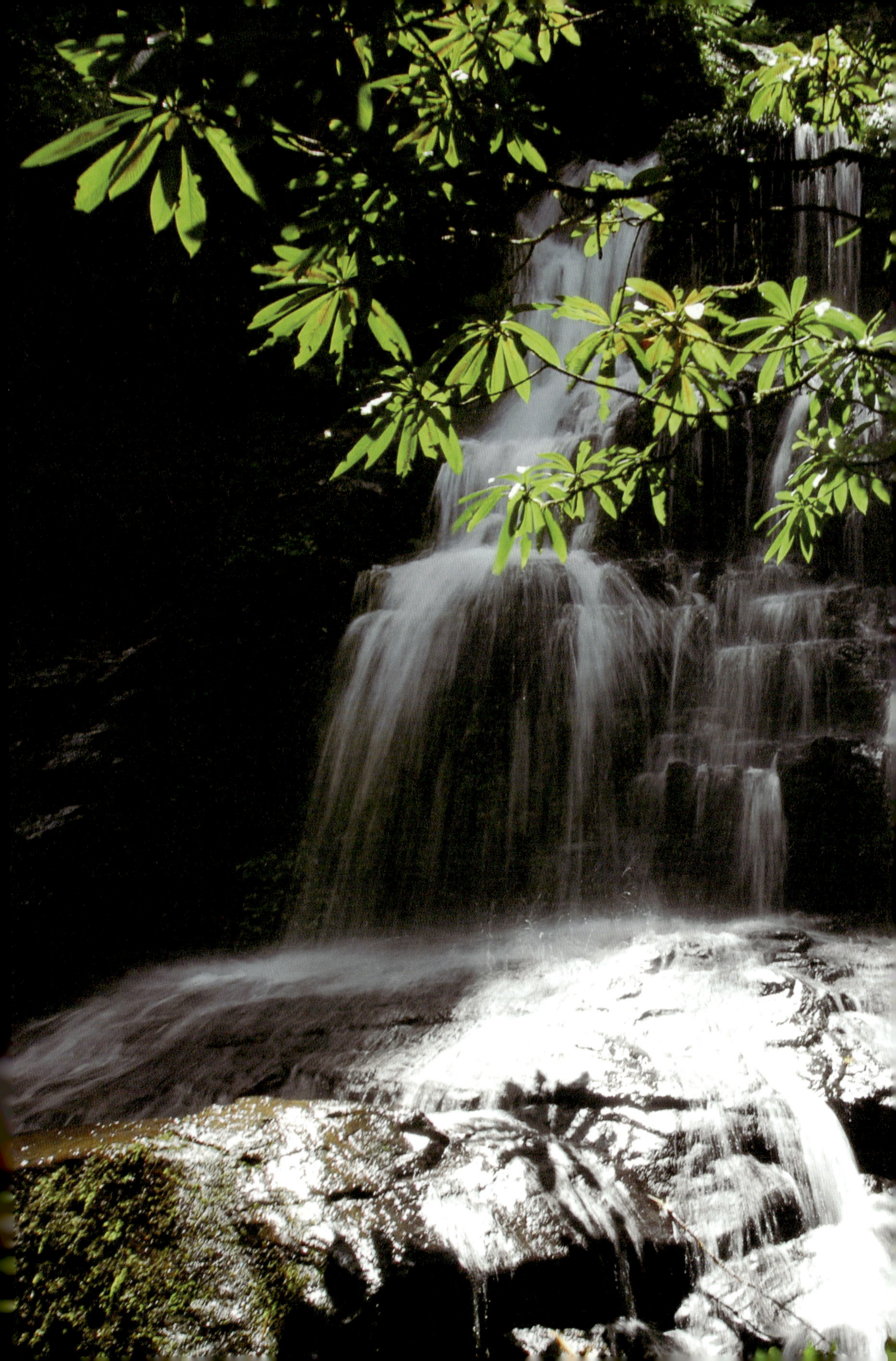

屏边九层瀑布 窦红斌／摄

■带一本书去红河

屏边远眺 陶国权/摄

美美与共的天然氧吧州

带一本书去红河

因其丰富的生物多样性而被誉为"动植物基因库"和"生物博物馆"。这样一座被森林拥抱着的县城,在地图上如一滴水,如果从遥远的星空凝视,那一定是天边飘来的一朵云。

依山傍水的"滴水苗城",得益于水的滋润,树木常年翠绿,空气潮湿饱满,使生活在这里的动植物都显得那样滋润、澄澈、丰盈、柔软。连你的肌肤,不管之前是怎样的缺水干燥,只要到了屏边,最明显的变化就是仿佛吸足了水分,一下子变得饱满而润泽起来。

屏边因山而名、因水而美,被誉为春城。屏边拥有生长着亿年植物活化石桫椤的大围山国家森林公园,滇东南唯一保存完好的万年陆地火山遗址阿季伍火山,矗立于悬崖峭壁之上的百年滇

屏边湿地公园晚霞 郭迎东/摄

越铁路人字桥,高耸入云的滴水瀑布,爱国主义教育基地——屏边烈士陵园等文旅资源;屏边还拥有着国家非物质文化遗产保护项目——屏边苗族花山节、壮族花米饭节、彝族"跳掌节"等传统节庆以及苗族蜡染刺绣芦笙舞等。

屏边还是中国100个最具诗意的旅游城市之一,民族风情浓郁,文化源远流长,走进屏边,就走进了苗乡秘境的山水盛宴。

来屏边领略南端春城的生态之美,品鉴大山深处的美食馈赠,体验久负盛名的特色康养,岂不快哉?

元阳:哈尼梯田的故乡

元阳县位于云南省南部,是云南热带水果和云雾茶及黄金的重要产地之一。

元阳县的凤凰涅槃是在2013年6月22日。这一天,在柬埔寨召开的第37届世界遗产大会上,红河哈尼梯田获准列入《世界遗产名录》。一个世界级的标识,一个华丽的转身,使沉寂了千年的哈尼梯田惊艳了世界,元阳县也随之一夜成名。

元阳县是哈尼梯田的故乡,哈尼梯田开垦历史已有1300多年。哈尼梯田分布于元阳县14个乡镇,海拔在170～1980米的山岭中。梯田级数最多的有3700多级,梯田单块面积最大者六七千平方米,最小者不足1平方米。

著名的老虎嘴梯田距离元阳县城50千米,距元阳县新街镇20千米。多依树梯田距新街镇23千米。

多依树梯田 陆忠 / 摄

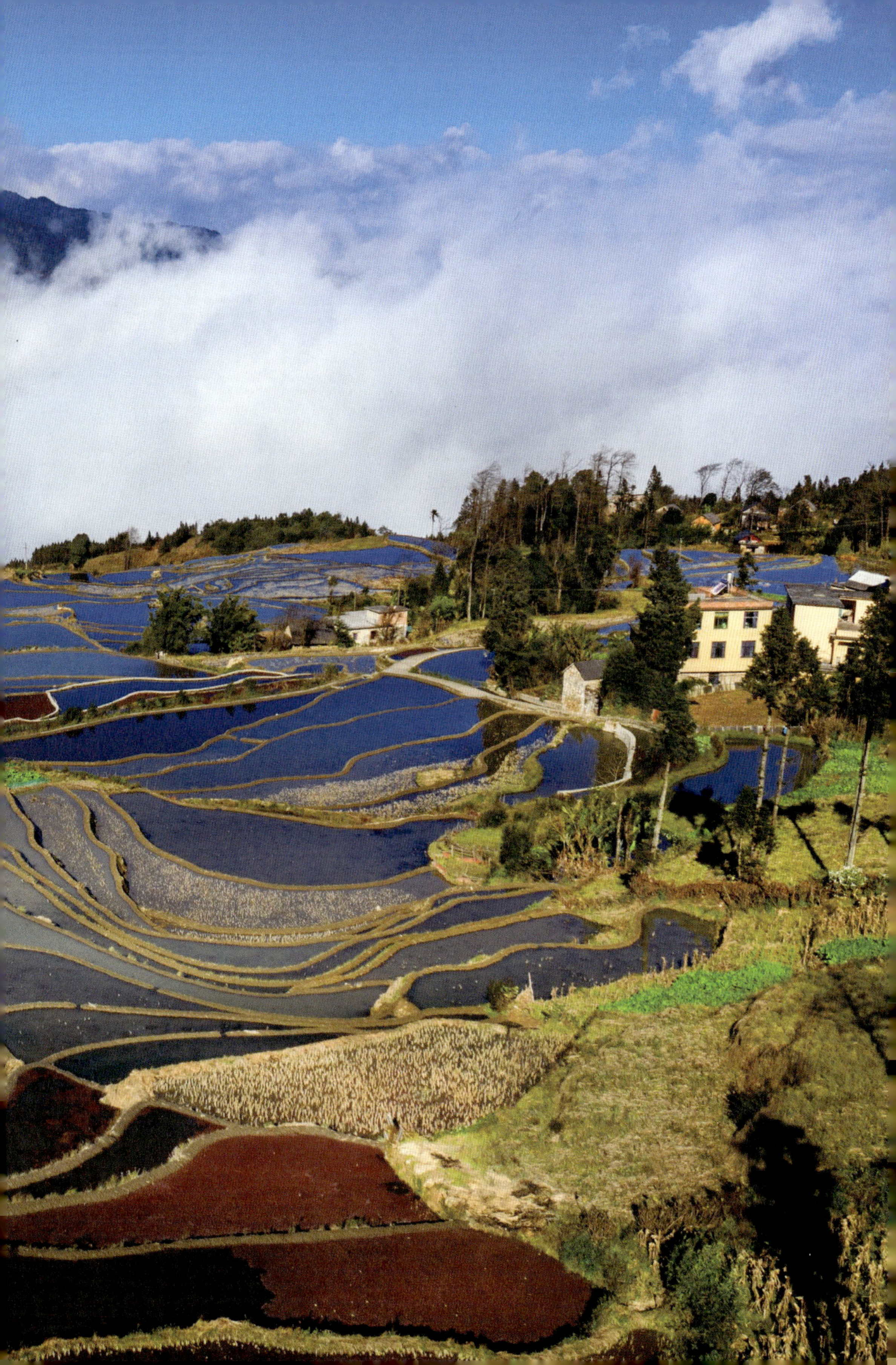

■带一本书去红河

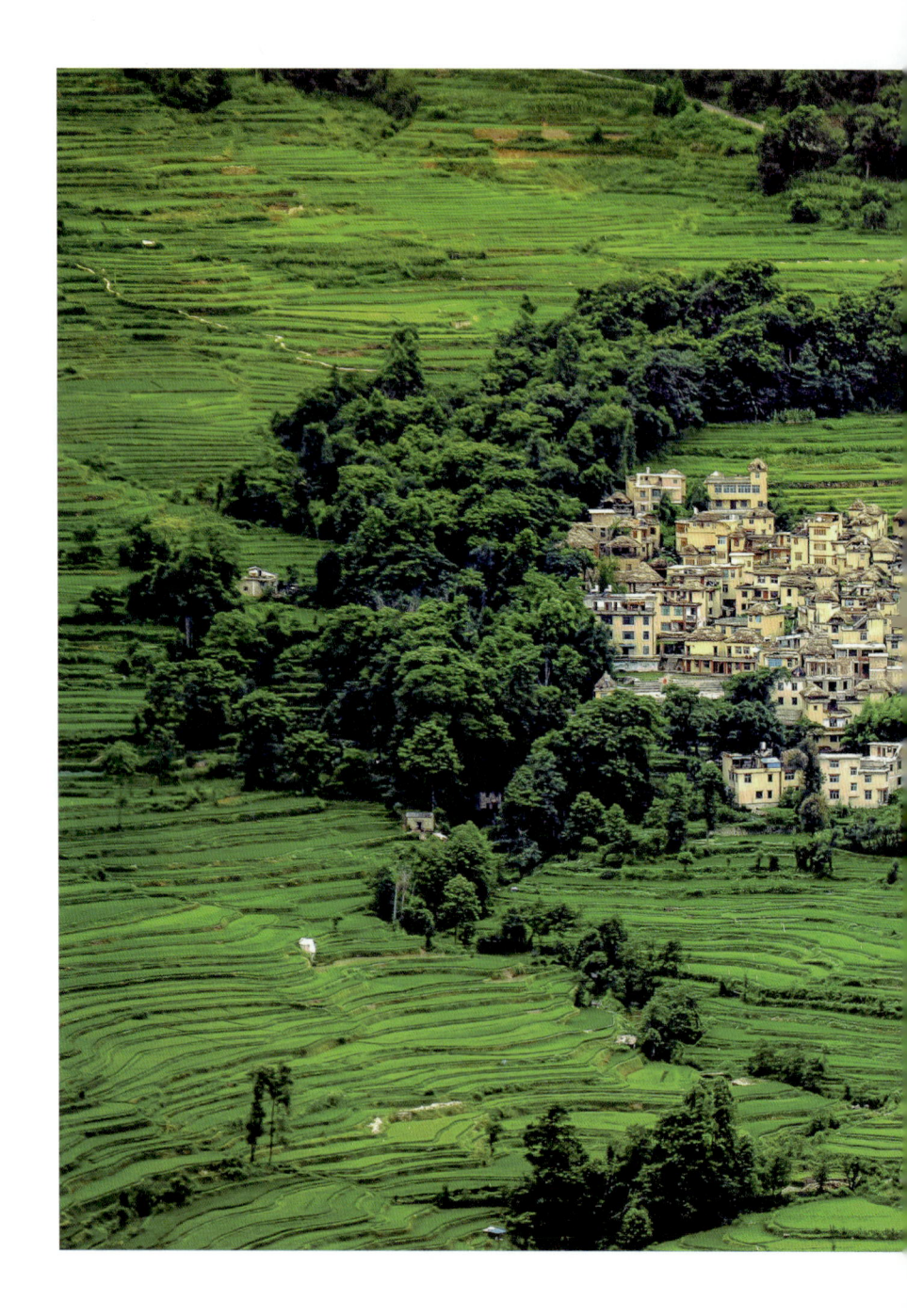

美美与共的天然氧吧州

元阳箐口村 龙俊/摄

箐口哈尼族民俗文化生态旅游村地处红河哈尼梯田旅游核心区，村寨树林异常茂密，鸟啼蝉鸣，充满了浓郁的原始乡土气息，集中体现了哈尼梯田文化的共性，即森林、村寨、梯田和江河"四素同构"的特征，所以又被称为"哈尼族四素同构展示区"。箐口村于2004年被国家旅游局评为"全国农业旅游示范点"。

每个景区在每个人的心中都有不一样的意象，哈尼梯田也一样：地理上的梯田、图片上的梯田、农民劳作的梯田、游客看到的梯田、作家眼中的梯田、摄影师镜头里的梯田、活着的梯田……所有的梯田存在于自然天地间，也流传于文字、图片、视频中，更隐身于世界文化遗产的炫目光环中。

元阳县城于1992年整体从新街镇搬迁至南沙镇，原因是老县城新街镇发生了大面积滑坡，所以元阳有老县城和新县城之说。但元阳县搬到南沙镇已经30多年，新街镇却一直人气不减地热闹。一是因为新街镇气候凉爽适宜居住；二是因为新街镇距离哈尼梯田核心区更近，方便人们看日出日落；三是因为新街镇在元阳县搬迁后的30多年里没有出现过大面积滑坡。所以今天的新街镇反而成了一座聚集着无数游客的、热闹无比的小镇。

今天的元阳新县城南沙是一座火热而美丽的新城。白天的南沙像一个健康阳光又朝气蓬勃的青年——先锋、热烈、整洁、自律，夜幕中的南沙又像一位热情奔放的美丽少女——开放、明艳、时髦且风情万种。南沙又是一座小巧玲珑的城市，它拥有四个花园广场、三条风景街道、两个森林公园，空气中总是弥散着初恋般热烈的温度，所有建筑都掩映在绿树花丛中。主街道由宽敞的车道和幽静的人行道组成，人行道铺着花纹地砖，路与路之间用绿树和鲜花作护栏，自然是美丽时尚又风情万种。

南沙的神奇之处在于一条河流与一条时尚马路是相依相连的，而一丘丘天阶般的梯田和一个个繁忙的交通路口距离竟然不到 500 米。居住在南沙的人们晚饭之后的一场随性散步，就可以抵达风光旖旎的田园。

对于都市人来说，没有比自然的田园生活，眼前的山野、溪流、炊烟、犬吠、鸟鸣更让人向往的了。

泸西：红河的北大门

泸西县地处珠江流域上游，地势东部高、西南低，境内大部分地区气候温和，光照充足，降雨适中，适宜于粮食、经济作物和林果生长；水资源、生物资源、矿产资源丰富，旅游资源独特，是红河州的北大门。泸西居住着汉族、彝族、回族、傣族、壮族、苗族 6 个世居民族，有阿庐古洞、城子古村及湖光秀丽的五者温泉等旅游景点。

历史源远流长的泸西，自西汉元鼎六年（前 111）设漏江县，至今已有两千多年的历史。其中，元、明、清时期为路、府、州治所在地，曾是滇东南政治、经济、文化的中心地之一。1962年 3 月，国务院决定恢复泸西县，隶属红河州。

泸西被称为虎城。据说在远古时代，生活在泸西一带的彝族人用老虎作为图腾，他们认为老虎能给人类带来光明，带来温暖。相传，在一个月黑风高的晚上，有一只老虎闯进一户人家，叼走

■带一本书去红河

了一个女孩儿。不久后，逃回来的女孩儿生下了一个虎头人身的男孩儿，起名阿罗（彝语"罗"即虎）。男孩儿长大后，英勇无比，有力拔山兮气盖世的威猛，所向披靡。在一次保护族群的战斗中，他牺牲了。悲伤的族人们认为他的灵魂已升为天神，将会在天上

美美与共的天然氧吧州

继续保护他们。为了纪念他，彝族先民就把虎尊为虎神，世代崇拜。从此，彝族人民跟老虎成了亲人，他们笃定地认为自己与虎有血缘关系，骨是虎造，血是虎身。历经世世代代生生不息的奋斗，一个虎虎生威的民族，成了这片土地上真正的主人，今天的

泸西新貌 程永和/摄

泸西已经发展成为名副其实的虎城。

　　生活在泸西大地上的各民族团结和睦，民族文化丰富多彩。在这片红土地上，各民族相互依存、相互影响，形成了泸西民族文化的包容兼蓄和风格独具。如彝族葛颇人的莫绵巴、祭山、祭祖、猜新娘，撒尼人的大三弦、霸王鞭、虎舞，阿乌人的刀叉舞，壮族神木铜鼓舞、虫茧巴鸟、苗族芦笙舞等。还有民族刺绣、木雕、石雕、剪纸等传统技艺，青铜器、碑刻、瓷器、珍贵字画等历史文物，"三庵、六阁、七寺、八庙"、烽火台、驿站、哨所、铸币和矿冶遗址、土官祠等文化遗存至今仍清晰可见。

　　泸西历史悠久，建置较早，可算一座千年古城，但漫步在泸西繁华的大街上，一眼望去基本上都是现代建筑，或许你正疑惑呢，那就不妨往老城里走一走再看看。泸西从未自称古城，但却有着大量的旧石建筑，你在那里甚至还可以看到二十世纪八九十年代的生活场景。比如泸西有一家百货商店，售货员就站在玻璃柜台后面，售货员身后的货架上摆着琳琅满目的日用品，中年人会惊讶地发现玻璃柜台里面的商品，竟然还是记忆中儿时的样子，就连价签都是那个年代的款式，一种真实的穿越感，会在这一刻油然而生。

　　泸西城的老建筑像是被人藏起来，正所谓大隐隐于市。你要在老城区的街头巷尾仔细走一走才能邂逅它们，这个过程充满着发现的乐趣。比如，泸西城内有家妇产医院，看上去就是一家普通的医院，可经过门厅往里一走，一座古色古香、斗拱结构且气派无比的大门突然就映入眼帘了，如此的气派，估计在古代也是皇亲国戚的标准吧！果然，这里是清代广西府总兵张保和的府邸，占地足足超过10000平方米。不同年代不同样式的各种建筑民居已经在岁月的流淌中交融生长在一起，让人不禁感慨，这真是一座活着的年代博物馆啊！

红河：马帮之城，江外侨乡

红河县素有"江外侨乡""歌舞之乡""棕榈之乡"的美称，县境内有被誉为"世界哈尼梯田之最"的撒玛坝万亩梯田，有举世瞩目的哈尼长街宴，有被《国家地理》杂志评选出的中国最美的六大乡村古镇——大羊街，有被国务院批准的第一批非物质文化遗产阿扎河乡普春的哈尼族多声部，有被列为第二批国家级非物质文化遗产的"乐作舞"，有世界上独一无二的哈尼奕车文化。

作为地理名字的红河，把红河州的地域分成了南北两岸，称为江内、江外，红河以北，称为江内；红河以南，称为江外。红河县被称为江外，其实红河县位于红河流域的中段。

红河县城的所在地名叫迤萨，"迤萨"是彝族卜拉语，意为"干旱缺水的地方"。迤萨坐落在红河南岸一个缺水的山头上，地势形状如同一尊稳稳当当的轿子，整个古城犹如坐在轿子里，四周都是悬崖峭壁，易守难攻。曾经的迤萨人，天天眼睁睁看着红河水从古城脚下的山谷里奔涌流过，就是上不来。

现存的迤萨古建筑有着600多年的历史，明清时期的土掌房为彝族支系卜拉人所建，这些建筑大都是因地制宜，依山而建，形成山地台式建筑。到了清朝时期，汉族的民居建筑和寺庙建筑

带一本书去红河

美美与共的天然氧吧州

撒玛坝梯田 胡艳辉／摄

传入迤萨，民国时期伴随着马帮之路，中西合璧的欧式建筑逐渐出现在迤萨，其中代表建筑是 2011 年被国家文物局列为全国重点文物保护单位、建筑面积达 3280 平方米的红河县博物馆所在地，由"姚初院"和"钱二官院"构成，属于全国重点文物保护单位"东门楼及迤萨民居"的重要组成部分。东门楼的古建筑群以姚初民居和钱二官院为典型代表。姚初民居与东门楼相连，从 1937 年开始历经 7 年建设完成。

美美与共的天然氧吧州

　　说到迤萨，马帮和侨乡是进入这座城池的两个关键词。早在清咸丰初年（1851），在铜矿停业后的萧条中，缺田少地的迤萨人迫于生计，用马驮着土盐运到周边的江城、墨江、元江、元阳销售，更多的人则开始购买骡马，置办鞍具，驮子里装进自家女人一针一线缝制的布衣，走向遥远未知的地方……不久，迤萨人的土盐、小商品甚至远销到越南、老挝边境，马帮返回再把当地的山货特产运回迤萨销售，由此开启了一条艰辛而又辉煌的

哈尼乐作舞　胡艳辉／摄

哈尼猴面舞 彭家云/摄

马帮创业之路。随后的 100 多年间，走马帮一直是迤萨人的主要职业。走马帮的时间足够长了，就走出了侨乡迤萨。今天的迤萨，缺水的历史早已翻篇，但它古朴的面容与善意的内核一直保持着，仿佛要让时间来证明它的价值。

撒玛坝万亩梯田位于宝华乡，距县城约 38 千米，梯田总面积约 9.4 平方千米，一年四季都呈现出不同的景色，美如仙境。撒玛坝万亩梯田很适合观赏，只要梯田不被大雾笼罩，站在一个视角点，就能将万亩梯田尽收眼底。

乐作舞是红河人最喜欢的舞蹈之一，意为"大家一起跳舞"，起源于红河县阿扎河乡垤施、洛孟。据考，已有上千年历史。红河县村村寨寨都流行跳乐作舞，全县 94 个村委会中有 75 个成立了乐作舞队，比如阿扎河乡，每年7月都要举办一次"矻扎扎长街舞"，大家一起跳乐作舞和农耕舞，预祝来年人畜兴旺，五谷丰登。

　　哈尼人的舞台，是天空、是大地，是田间地头、是火塘边。哈尼人的歌舞源自祖先的生活，源自与万物连接的坦途，飘荡着谷物的清香，荡漾着丰收的喜悦，弥漫在人的心底，辽远而恒久。

撒玛坝梯田 高宏/摄

CHAPTER 05

小镇与村庄，
温暖的人间烟火

时光仿佛在小镇和村庄凝结成一条条窄窄的古道，通向我们心灵最柔软的深处。

城子古村 康关福／摄

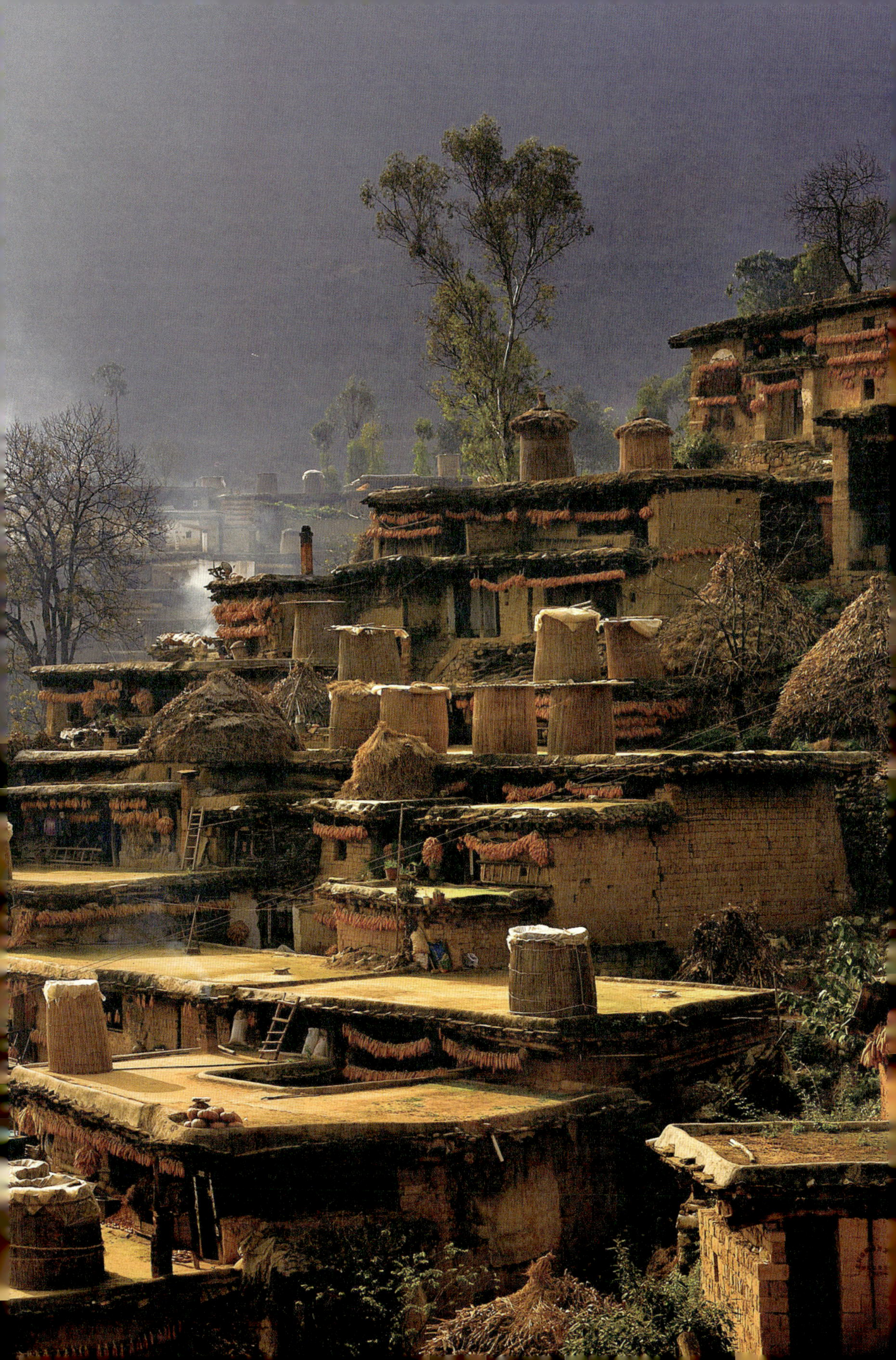

带一本书去红河

在现代飞速发展的世界里，总需要一些慢时光，让我们的灵魂跟上我们的脚步。红河州的几个特色小镇，都是在现代艺术中融入了传统的、优秀的民族元素。这些各具风韵的特色小镇，承载着历史的风烟，又在岁月里保存着自己的容貌；在这些特色小镇里，时间会把温和的笑意荡漾在人们的脸上，期待人们的灵魂和身体同时抵达诗与远方。

我国还有许多奇妙而又有特点的村庄，这些星罗棋布又氤氲人间温暖烟火的村庄，是人们心中温暖的记忆，也是我们心头最难忘、最割舍不掉的乡愁。在红河州这样的村庄很多，每每走进村庄，每一条石板铺就的巷道都宁静得似乎只有时光了。时光悄悄呼吸的模样，我们都仿佛看得见、听得到。

时光仿佛在小镇和村庄凝结成一条条窄窄的古道，通向我们心灵最柔软的深处。朴素的民房，屋檐下的红灯笼，成串成串的红辣椒和金黄色的苞谷……都在告诉我们，这是最温暖最质朴的人间烟火。

小镇与村庄，温暖的人间烟火

哈尼蘑菇房 张洪科/摄

元阳哈尼小镇

哈尼小镇是云南第二批"中国少数民族特色村寨",位于元阳县新街镇,它像一只栖息在哈尼梯田上的白鹇鸟,是哈尼传统建筑特色与现代建筑文明相融合的创新实践,也是所有人繁忙生活中的诗意栖居。

农耕文化是中华优秀传统文化的重要组成部分。哈尼梯田集"森林、村寨、梯田、水系"四元素同构的独特生态景观,是1000多年前哈尼人民在哀牢深山雕刻大地的伟大创造,是我国农耕文化的伟大遗产,也是饮誉天下的世界文化遗产。哈尼小镇深度挖掘哈尼民族文化——哈尼历史文化博物馆、旅游精品民宿客栈,以及哈尼古歌等非遗项目遍地开花,吸引无数游客来感受哈尼风情。

哈尼蘑菇房 张洪科/摄

弥勒可邑小镇

可邑小镇是以彝族民族风情为核心的特色小镇。"可邑"在阿细语中意为"吉祥之地",是著名的彝族歌舞"阿细跳月"的发祥地,也是彝族史诗《阿细的先基》流传最广的地方。

只有去了可邑,才能亲身感受古朴宁静的山村、自然淳朴的民风和最纯正的彝族阿细文化,触摸到参天的古树、传统的彝族民居,欣赏到精美的壁画。在可邑小镇,喝几杯自家酿制的香醇可口美酒,品尝几道清爽美味的小菜,才知道世外桃源般的生活是如此美妙……

弥勒可邑小镇 弥勒市委宣传部 / 供图

弥勒可邑小镇 李昱廷 / 摄

建水西庄紫陶小镇

"百年古村,一炉窑火燃过宋元明清;千年紫陶,一尊素坯容下江河大地。双龙古桥,泸江烟柳,袅袅炊烟,十里荷花,绘就了一幅边地江南水乡的水墨画卷。"这是现代人对紫陶小镇的总结与描述。

"彩泥胚转生琼玉,泸江烟柳似江南。长虹卧波闲揽月,古迹荟萃赏不尽。"建水西庄紫陶小镇以其历史悠久的古建筑和底蕴浓厚的文化闻名遐迩。

这座占地面积约 3.46 平方千米的小镇,由核心区龙窑生态城和团山景区、乡会桥、双龙桥组成,乘坐小火车从建水古城临安站出发,穿过临安镇和西庄镇的田野山村,沿途有长虹卧波般的名胜古桥双龙桥、风雨廊桥乡会桥和烟柳垂条的泸江河田园风光、古迹荟萃的团山古村。这样一个融合多民族文化的小镇,用独树一帜的紫陶命名,宗旨在于对优秀传统文化艺术的传承与弘扬。

建水紫陶壶 何屏/摄　　　　　　　　　建水紫陶壶 陈学/摄

小镇与村庄，温暖的人间烟火

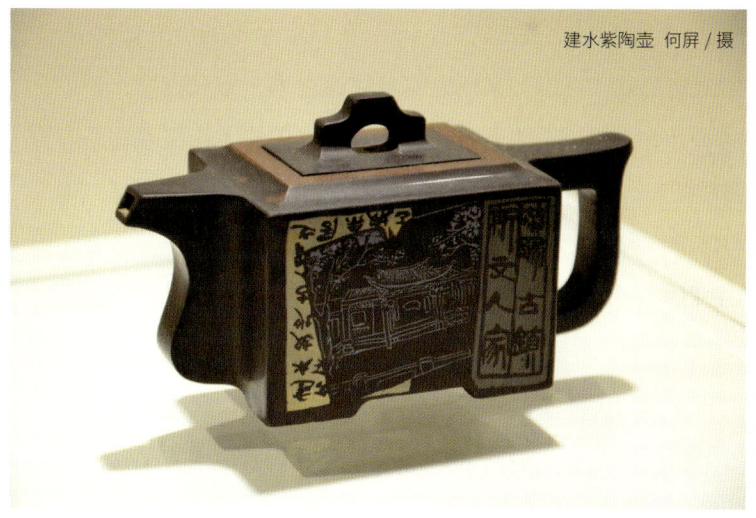

建水紫陶壶 汪力/摄

建水紫陶壶 陈学/摄

建水紫陶瓶 何屏/摄

建水紫陶壶 何屏/摄

▌带一本书去红河

团山民居

位于建水县城以西 13 千米处的团山村,是一个典型的滇南汉族移民村,在滇南一带名气很大。村庄建在一坡地之上,背依青山,面临肥沃的西庄坝子、泸江河,个碧石铁路、鸡石高速公路东西向穿越村前,交通十分便利,有着良好的自然生态环境。

2005 年 6 月 21 日,世界纪念性建筑遗产保护基金会 (WMF) 将其列入世界纪念性建筑遗产,确认团山古村是世界上极为罕见的未经触动的人类珍贵遗产的典范。

2013 年 3 月,团山村被国务院批准列入第七批全国重点文物保护单位。

团山村张氏的始祖张福于明洪武年间由江西饶州府鄱阳县许义寨贸易入滇,先居于建水城西门外之蓝头坡,后三迁择里,定居团山,逐渐衍为巨族。在 600 余年的历史长河中,张氏族人遵"百忍"家训为安身立命之本,家风良好,子孙好学上进,文武人才众多。至清末,张氏族人积极参与个旧锡矿开发,挣得巨额钱财,皆回乡建盖豪宅,光耀门庭。现有保存完好的大型民居 15 座,寨门 3 座,寺庙 3 座,宗祠 1 座,祖茔 1 座,占地面积 18384.5 平方米,建筑面积 16158 平方米。其形制规整,布局灵活,空间景观丰富,内雅外秀,建筑精美,工艺精湛,表现了滇南民居建筑的典型特征,代表了云南地方本土建筑发展的最高水平,是考察中国近代地方民营工商业发展的重要实物资料。

小镇与村庄，温暖的人间烟火

建水团山村寨门 李世林 / 摄

■带一本书去红河

小镇与村庄，温暖的人间烟火

建水团山村皇恩府 李世林 / 摄

■带一本书去红河

郑营古村

郑营古村位于石屏县城西边 10 千米的宝秀镇赤瑞湖边，已有 600 多年历史。郑营古村在明洪武年间叫普胜村。明初，明军后裔由云南红河州蒙自进入普胜村，遂将普胜村改名为郑家营。

1999 年，郑营古村被命名为省级历史文化名村，成为赤瑞湖畔的一颗璀璨的明珠。古村内有以姓氏和地理环境命名的三街九巷，街道是青石路面，民房多是坐南朝北的大四合院。村中著名的建筑陈氏宗祠、郑氏宗祠规模宏大，建筑装饰的木雕工艺好，雕刻、书画均展示了较高文化水平，被称为"我国明清民居建筑的博物馆"。

郑营古村依山傍水，景色如画。村内的宗祠、楼阁、学校和典型的民居建筑，集宝塔古刹的巍峨壮观、宫殿寺庙的气宇轩昂、楼阁亭台的玲珑别致、古典园林的幽静淡雅于一身，形成别具一格的历史文化建筑特色风貌。

石屏郑营村 张绍全／摄

石屏郑营村 张绍全／摄

城子古村

城子古村距泸西县城 25 千米，拥有云南最具特色的古村落景观，土掌房规模巨大，历史悠久，有明代昂土司府遗址。昂土司府的存在，使城子成为当时滇东南的政治、经济、文化中心之一。

整个古村坐落在 200 多米高的飞凤坡上，面积约 0.6 平方千米，东临龙盘山，西接玉屏山、笔架山，北对芙蓉山，后枕金鼎山，小江河蜿蜒流过。相传彝族白勺部的先民们选中这里，曾用一棵树的枝叶搭建了 24 间土掌房，住了 24 户人家，于是便定居，生生不息。城子古村，就这样贴在山坡上，享尽了背靠山峦、河流怀抱的极佳风水。土掌房建好后，人们从此不再住山岩洞穴，也不再在树上栖息，都住上冬暖夏凉、牢固安全的土掌房，再也不害怕风雨袭击和野兽侵害。

随着时代的变迁，土掌房的结构样式也在不断地完善。到了元代，开始出现二层楼房，特别是明代的"昂土司府"，清代的"将军第"，建筑风格上既保持了土掌房平顶的特点，又融合汉族四合院厅堂雕龙画凤的建筑艺术，形成彝汉结合的独特的建筑风格，有着重要的艺术价值和历史价值。

城子古村有 1000 多间土掌房，从山脚沿山坡趁势而上，间间平顶、层层叠叠、连绵起伏、聚集成群。前一户人家的楼顶，即是后一户人家的场院，家家有楼顶，家家有场院，就这样一级级相连，一户户相通，从山脚第一户人家进去，穿过四合院，七弯八拐，上几道青石板铺就的石梯或者松木板搭就的木梯，就可以神出鬼没般走到另一户人家。只一只母鸡在这家的院里吃食，到那家的屋顶吃虫，再回自家的窝里下蛋，在城子村都是正常的事。村中道路自然分布、纵横交错。

这样几乎家家相连的建筑，岂不是家家都呈开放式？这得有怎样的信任才能成为如此敞开式邻里？"民风淳朴"，这四个字被一间连着一间的土掌房演绎得淋漓尽致。

城子古村像一本厚重的建筑设计史书，带着历史的沧桑呈现在人们眼前，人们唯有虔诚地翻阅。城子古村作为民居建筑文化与建造技术发展史上的"活化石"，让彝汉结合的经典民居建筑在这远离城市喧哗的大山深处熠熠生辉。顺应自然地形的土掌房呈自然式平行等高线分布，屹立于飞凤山上；人与自然和谐共生的完美境界，肥沃美丽了这片神奇的土地。

每个人眼中的城子古村，都是绝版。在这里世代而居的城子村民，不在乎城子古村今天的光环，因为这是他们祖祖辈辈的家，他们日出劳作、日暮而归，伴随城子古村的日月星辰直到地老天荒。

城子古村的气场，远眺大气磅礴，走进温暖长绵。山、水、田、树与土筑民居共同构成了这里的自然山水景观。

城子古村 康关福/摄

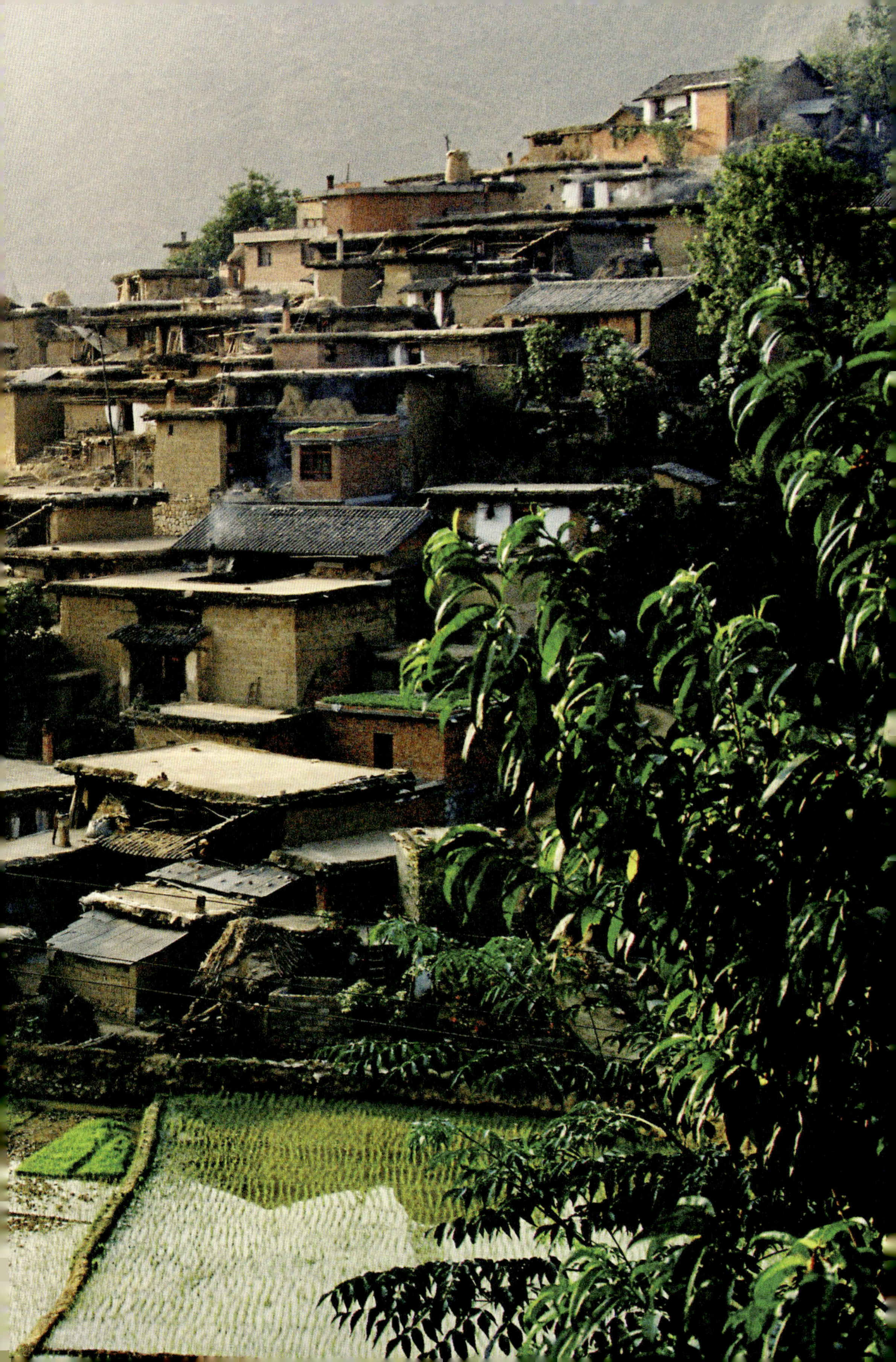

CHAPTER 06

舌尖上的狂欢，
人世间的温情

能让人一吃再吃还想吃的蒙自过桥米线，眼睛的光波和鼻子的嗅觉远不如舌尖上的味蕾让人回味。

哈尼长街宴 梁荣生 / 摄

中华民族的优秀传统文化，美食占了很大比重。说得文雅点叫饮食文化，说得通俗点就是一个"吃"字。开门七件事——柴米油盐酱醋茶，民以食为天，不就是一个"吃"字吗？全国各地的特色饮食数不胜数，红河州的美食也包罗万象，独具特色，比如一只鸡就有哈尼蘸水鸡、斗姆阁卤鸡、弥勒卤鸡、泸西卤鸡等做法，各具风味。

蒙自过桥米线：味蕾上的华章

对于每一个到过云南的人，如果没有品尝过米线，那几乎算是没到过云南；而到过云南却没吃过蒙自过桥米线，一定不是一个真正的吃货。因为蒙自是过桥米线的发源地，是过桥米线的故乡。能入选国家级非物质文化遗产美食项目类推荐名单的蒙自过桥米线，一定有其独特之处。

追根溯源，蒙自过桥米线的独特之处是让很多人一吃再吃还想吃。

能让人一吃再吃还想吃的蒙自过桥米线，眼睛的光波和鼻子的嗅觉远不如舌尖上的味蕾让人回味。

要超越"色""香"的形式而抵达"味"的华章，蒙自过桥米线是经过百年历练的。

百年的历练，一次次的凤凰涅槃，大浪淘沙，今天的蒙自过桥米线保存下了几点独特之处。

首先是餐具之独特，简而言之一个字：大！号称"天下一碗"。

舌尖上的狂欢，人世间的温情

当然这是官方叫法，民间的叫法是"海碗"。我更喜欢民间的叫法，一个"海"字，足以说明吃蒙自过桥米线的碗得是多大的碗。碗大，汤才能宽，米线才足，味才能够，吃起来才爽。

如果说"大海碗"是个形式，那么"大海碗"里装的内容，才是蒙自过桥米线让人一吃再吃还想吃的原因。一些看似平常的

蒙自过桥米线 张红臻/摄

■带一本书去红河

肉片、蔬菜,和着米线混进一大海碗热汤里,竟成为最为默契的美味关系。究竟是肉片、蔬菜成就了汤的醇美,还是醇厚的汤成就了米线的不凡?玄机在哪?其实,蒙自本地的老吃货都会给出最直接的答案——一碗魅力十足的过桥米线,必须得有一碗有灵魂的汤。一碗好汤,熬制汤底要求清、浓、爽、鲜,可清则难浓,浓则难爽,爽则难鲜,唯有用心做好过桥米线的人才能达到这个境界。"鸡过桥""羊过桥"和"牛过桥",皆属单纯精粹型——老鸡入汤溢出鲜香,羊肉羊骨吊出纯粹,牛肉牛骨则熬出浓厚。

蒙自过桥米线让人一吃再吃还想吃还能吃,有一个重要的因

蒙自过桥米线 张红臻/摄

素是它的随意性。米线像蒙自人的性格一样，非常包容。今天的蒙自过桥米线几乎可以和任何一种食材调料搭配，所以蒙自过桥米线的品种可以说应有尽有，除常见的鸡肉、猪肉、牛肉、羊肉外，海鲜类和山珍类的也有，真是只有想不到，没有做不到。

在蒙自，你还可以看到几十桌、上百桌散客同吃蒙自过桥米线的恢宏场面，空气中飘荡着勾人食欲的肉香，耳边是人们稀里哗啦吸食米线的声音。放眼望去，不分男女老少，不分乡土派时尚派，更不分高低贵贱，每人手捧一个大海碗，吃得酣畅淋漓，那叫一个爽，简直就是舌尖上的狂欢。

云南的米线为什么要叫过桥米线呢？其中有一个流传较广的版本。

清朝时滇南蒙自城外有一个湖心小岛，一个秀才常到岛上读书，秀才贤惠勤劳的娘子常常做了他爱吃的米线给他送去，但等到了岛上，米线已不热了。后来一次偶然送鸡汤的时候，秀才娘子发现鸡汤上覆盖着的那层厚厚的鸡油有保温作用，如果把作料和米线等吃时再放，还能更加爽口，于是人们纷纷效仿。因为到岛上要过一座桥，也为纪念这位贤妻，后世就把它叫作"过桥米线"了。

故事很老套，却能口口相传百年，想来都是温馨亲情、美好爱情的作用。管他云南的米线为什么要叫过桥米线，只要过桥米线吃得酣畅，吃得淋漓，吃得爽，吃成舌尖上的狂欢，那就不枉"味蕾上的华章"之名。

■带一本书去红河

哈尼长街宴：天下最长宴席

除了哈尼族的长街宴，谁还见过一次摆几千桌的宴席？哈尼族的长街古宴自 2004 年被上海大世界吉尼斯总部有限公司认证为"天下最长宴席——长街古宴"以来，"云南·绿春哈尼十月年长街古宴"几乎连年举办。长街古宴上，来自世界各地的游客和绿春各族人民一道，穿上异彩纷呈的民族服饰，共同庆祝节日。

哈尼长街宴 白院生 / 摄

根据哈尼族历法，哈尼人把每年农历十月第一个属龙日作为新年的开始，相当于汉族春节的大年初一。生活在红河流域的哈尼人也会把十月年叫作"干通通"或"泽腊和实"。

十月年是哈尼族传统而盛大的节日，十月年的第五天要"开年门"，表示"辞旧迎新"，家家户户都把自家一年中的收获，做成各式各样的美味佳肴，用篾桌摆到寨子脚的"寨门"那里，摆成长长的宴席，让全村人品尝，让远方来的客人享用，这就是长街宴。

十月年长街宴属于庆祝丰收、共享幸福的活动，一般要过好几天。从每年农历十月第一个属龙日开始，人们就杀猪，踩粑粑，准备各种美食。杀猪祭献寨神和祖宗，祈祷新的一年五谷丰登，六畜兴旺。哈尼村寨一般从十月年的第四天开始，连续三天摆长街宴，由邻近的村寨自由结对，共同待客。

长街宴是哈尼族过十月年时的祈福盛宴，集中展现了云南哈尼族饮食文化特色，以及节日风俗礼仪、歌舞服饰等。

昂玛突节是哈尼族每年春耕开始前举行的一种祭祀活动，祈求风调雨顺、五谷丰登、人畜平安。节日当天，家家户户要做黄糯米、三色蛋、猪、鸡、鱼、鸭肉、牛肉干巴、肉松、花生米等近40种哈尼族风味的菜肴。准备好酒，抬到指定的街心摆起来，一家摆一至两桌，家家户户桌连桌沿街摆，摆成一条700多米长的街心宴，当地人称长龙宴或街心酒。

其实长街宴只是一种形式，各种山珍海味的美食才是长街宴主角。

猪鸡牛羊鱼自然是宴席上的大菜，哈尼蘸水鸡是长街宴上必不可少的一道硬菜。哈尼蘸水鸡的选材用料十分讲究，鸡必须是本地散养的土鸡，"哈尼蘸水"用皮菜根、糯米稀饭、鸡蛋黄等十几种作料调配而成，味道之鲜美独特，让人欲罢不能，久久回味。

长街宴上的哈尼豆豉也是考验吃货的一道特色菜，哈尼豆豉的制作工艺很特别，黄豆在水中浸泡后，又经过十几天的充分变腐发酵，再放入一些独特的配料，制作成的哈尼豆豉散发出阵阵独特的味道，诱惑人们一品再品。

汽锅鸡：云南十大经典名菜之一

汽锅鸡是建水县的一道特色名菜，属于滇菜系，因使用建水紫陶汽锅蒸制而得名。其主要食材是鸡肉，主要烹饪工艺是蒸，有补虚养身、补血、健脾开胃的功效。2018年9月，被评为"中国菜之云南十大经典名菜"之一。

汽锅鸡早在200多年前就在滇南民间流传。建水出产一种别致的土陶蒸锅，叫"汽锅"，是专门用来蒸食物的。汽锅鸡的做法是将鸡洗净后再切成小块，和姜、盐、葱、草果一道放入汽锅内盖好。汽锅置于一放满水的汤锅之上，用纱布将隙缝堵上，以免漏汽，再放到火上煮。汤锅的水开后，蒸汽就通过汽锅中间的汽嘴将鸡逐渐蒸熟。由于汤汁是蒸汽凝成的，鸡肉的鲜味在蒸的过程中丧失较少，所以基本上保持了鸡的原汁原味。

制作汽锅鸡要用建水的土陶汽锅味道才正宗。建水汽锅外形古朴，构造独特，肚膛扁圆，正中立有一根空心管，蒸汽沿此管

舌尖上的狂欢，人世间的温情

汽锅宴 卢维前/摄

汽锅鸡 卢维前/摄

进入锅膛，经过汽锅盖冷却后变成水滴入锅内，成为鸡汤。两三个小时后，肉耙骨离，便可食用，鸡块鲜嫩，汤汁甜美。

烹制汽锅鸡，要选择本地土鸡，而且鸡太大不行，太小也不行，太肥不行，太瘦也不行，用刚要下蛋的嫩母鸡或刚开叫的小公鸡最好。

作料很简单，只有几片生姜，几根小葱，少许胡椒、精盐即可，清新爽口，营养丰富。

曲江烧鸭：一场不容错过的盛宴

在建水一带的民间，烤鸭不叫烤鸭，叫烧鸭。一个"烧"字，透出的是火一般的热情与温暖。

同是鸭子，同是经过火的历练，为什么一个叫烤鸭，一个叫烧鸭呢？

如果说北京烤鸭代表的是阳春白雪的饮食品格，那么远在祖国大西南边陲的建水县曲江烧鸭表现的却是最接地气的下里巴人风格。

曲江烧鸭的接地气来自它的每一道制作工艺都公开透明，它的每一道制作工艺都在你的眼皮子底下进行。它红红火火地在你身边烧，让你看得见，闻得着，就是不敢摸。

不知从哪一辈开始，曲江的大厨们用脚下大地母亲怀里的泥土，糊成一个高约一米，直径也大概一米的泥巴烤炉，把柴火烧成火炭，直至炉子不冒浓烟不出明火了，再把一只只加工好的白白嫩嫩的鸭子提进炉子里。大约 10 分钟，你就会嗅到浓浓的烧鸭香，那股浓香是令人无法抵御的，它就弥漫在你身边的每一个角落。这是鸭肉经过火炭烧烤后形成的独特香气，你仔细嗅，会发现它带着火炭的热烈、泥土的淳朴和高原植物王国独有香料的醇香……那是一种让人垂涎欲滴的味觉冲击。30 分钟后，大幕拉开好戏登场——且看，曲江大厨站上烧鸭炉子旁边的台阶，揭开烧鸭炉子顶部的盖子，用一双经过数日日光浴加上无数烈火考验的时下最流行的巧克力色大手，将一只只经过炭火烧烤已成一只只闪耀着金色光芒的烧鸭隆重请出。

吃货们往往在这个时候蜂拥而至炉子旁边，七嘴八舌、争先恐后地认领即将到口的烧鸭。这一刻是曲江大厨最有成就感的时刻了，他们高高地举着他们的成果，居高临下地安慰着："有！有！炉子里还有！"这时还没有认领到烧鸭的吃货们根本顾不得炉子的烟熏火燎，一个个脖子伸得比鸭脖还长去看炉子里的情况。

曲江烧鸭好吃的另一个特色是蘸水。大厨在烤烧鸭时，每只烧鸭的下面都要放一个小碗，鸭子在烧烤的过程中必然有油水下淋，这些下淋的油水，就是蘸水的最基本的主料，再配以辣椒油、葱花等香料，那味道就没见哪个吃货可以抵得住。

吃烧鸭的场景一般不太雅观，被烧鸭香气折磨得太久的人，在这一刻几乎都端不住了，顾不得斯文，纷纷大快朵颐。其实，这只是人们在心仪的食品面前返璞归真而已。在浓浓的香味中品烧鸭嫩得不能再嫩、香脆得不能再香脆的小鲜肉，那份满足感自是不言而喻。

牛干巴：满口异香，回味无穷

在红河州，牛干巴是所有餐厅的一道美食，也是红河普通百姓家中随时拿得出手的一道硬菜。可以说，在红河旅游，你可能会因为气候等原因而错过一两个美景，但你绝对不能错过特色美食牛干巴。

红河人说的牛干巴一般有两种口味：以哈尼族人为代表的腌制的牛干巴，称为南沙干巴；以回族人为代表的腌制的干巴，多数称为油淋干巴。不管是南沙干巴还是油淋干巴，只是制作工艺不同而已，它们都以其独特的口感、馨香浓郁的味道，让人口齿留香，欲罢不能。

哈尼族人制作的牛干巴，选用毛色光滑、肥瘦匀称的菜牛，宰杀后取较好的精肉，切成条状肉块，抹上盐巴、辣椒、花椒、八角、草果和酒，腌一至两天后，穿上竹条或放置在细箭竹上，挂在灶房或火塘上方让火烟熏干备存。食用时用木甑蒸熟或用芭蕉叶包严实后，放在火塘中的炭灰中捂熟，配以生姜片、蒜、青辣椒在木臼内舂成细肉末食用，吃起来满口异香，味道独特，让人胃口大开。也可将牛干巴切成薄片，油炸食用。

牛干巴在云南回族人中已有数百年的腌制历史。回族人一般在每年秋冬时节腌制牛干巴，选取肥壮肉牛的后腿等部位的优质牛肉，辅以适量食盐、花椒等调料，采用搓揉、腌渍、晾晒、风干、煎炸等工艺加工制作而成，其独特的香味和口感让人回味无穷。

舌尖上的狂欢，人世间的温情

南沙干巴 卢维前／摄

牛干巴 段靖雄／摄

石屏豆腐："带不走的石屏专利"

石屏豆腐是红河州石屏县特产，中国国家地理标志产品。

石屏县素有"豆腐之乡"的美誉，制作豆腐已有400多年历史。据清末经济状元袁嘉谷编纂于民国二十五年（1936）的《石屏县志》卷六《风土》中载："城内有盐水数井，涩不可饮，用以点水豆腐味极佳。石屏豆腐之名传于全省，废物利用，其术最精，其功尤钜，惜不传发明者名。"

石屏制作豆腐的奇特之处在于使用境内特有的天然井水（俗称"酸水"）作凝固剂，营养丰富而不含任何有害物质。令人叫绝的是，这种"酸水"离开石屏无论如何也点制不出豆腐。曾有人用此"酸水"请石屏的师傅到外地点制豆腐，但试了无数次都未成功，有人戏称石屏豆腐是"带不走的石屏专利"。

这种"酸水"主要依赖于石屏县特定的地质环境和地下水资源。石屏县的地质环境构造属于第三纪陆相生物灰岩，地下蕴藏着大量水源。地下热水沿大断裂带上升，水流缓慢，矿物质易于沉淀，矿化度高，水的硬度很大，属于极硬水。这种水喝起来酸涩，但点制豆腐却恰到好处，清香、细腻而有韧性，不需添加防腐剂，自然条件下保存不易酸败。

纪录片《舌尖上的中国》曾专门讲述过石屏豆腐，口感软嫩，富含蛋白质、氨基酸，而且豆腐蛋白属于完全蛋白，不仅含有人体必需的8种氨基酸，其比例也接近人体所需。

舌尖上的狂欢，人世间的温情

石屏豆腐 萍子/摄

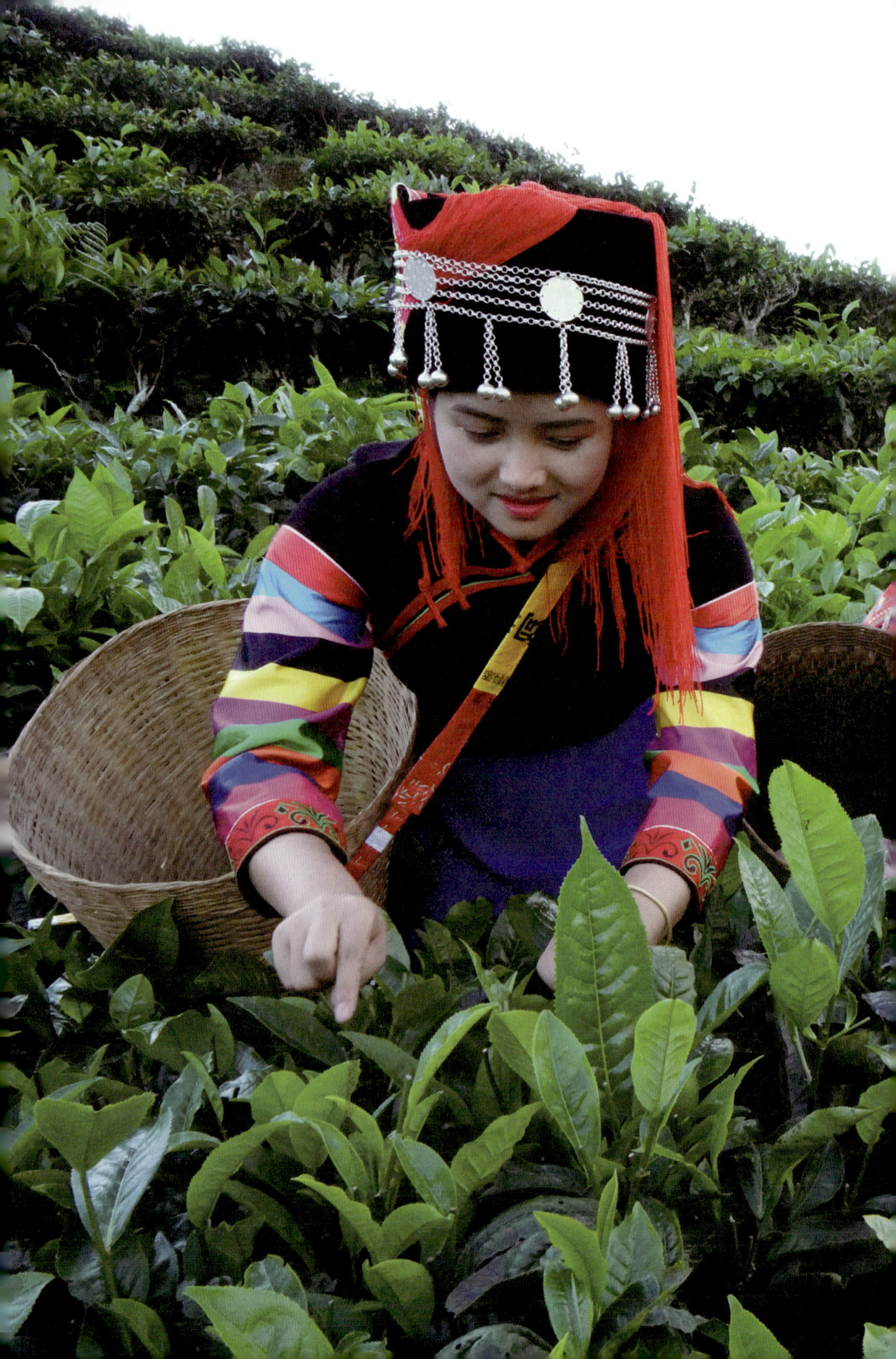

CHAPTER 07

四季丰歌，
红河的物华天宝

红河州丰富的物产，琳琅满目，五花八门，数不胜数。

采玛玉茶 李建东/摄

红河坐落在北回归线上，有悠久的水果、蔬菜、粮食种植历史。这里海拔高、纬度低，常年阳光普照，雨水充沛，气候温和，再加上当地独有的肥沃红土地，富含多种植物生长所需的矿物质，所出产的石榴、枇杷、茶叶、荔枝、杨梅及各种蔬菜、粮食，甜度高，品质好，深受市场欢迎。红河州丰富的物产琳琅满目，数不胜数，下面就给大家蜻蜓点水几下吧。

蒙自石榴：北回归线上的"甜蜜诱惑"

石榴在我国有悠久的种植历史，外表美观，口味酸甜，象征着红红火火、多子多福而深受人们喜爱。蒙自有800多年种植石榴的历史，有"果园在城中，城在果园中"的绝美景观。

蒙自因北回归线穿境而过，日照时间长，昼夜温差大，特别适合石榴生长。在蒙自生长出来的石榴，个大皮薄，果粒晶莹剔透，果汁多且甘甜，因此蒙自成为我国最大的盛产甜石榴的基地之一，并荣获"中国石榴之乡""中国石榴城"的美名。蒙自甜石榴以新安所、大新寨一带的为最佳。

秋天是瓜果飘香的季节。秋季的蒙自，仿佛空气中都散发着一股甜蜜的石榴味道。在一望无际的石榴园中，一颗颗沉甸甸的果实挂满枝头，吸引人们来采撷，放眼望去也是一片欣欣向荣的景象。"秋风起，石榴红"，此时此刻抓起一把剥好的石榴塞进嘴里，每一颗石榴果实都在唇舌间爆汁，这种"甜蜜诱惑"的滋味简直妙不可言。

四季丰歌，红河的物华天宝

石榴 建水县委宣传部/供图

梯田红米:"一粒米"的千年之旅

梯田红米产于世界文化遗产元阳哈尼梯田中,是当地哈尼族人种植了1300年历史的优良品种。

梯田红米是最早驯化的古稻,多种植在哀牢山区中海拔1400~1800米的哈尼梯田上,对地域、气候和水源要求苛刻,需人工耕禾除草,引用山泉水灌溉,施农家肥,不施农药,属原生态农作物。同时,梯田红米营养极为丰富,是"山有多高,水就有多高"的哈尼梯田奇观的产物,是森林、村寨、梯田、水系"四素同构"的农业生态系统在这里千年传承的精华。

梯田红米口感香甜劲道,富含钙、铁、锌、硒、铜、镁、钾等微量元素。其中,镁含量是普通大米的3~5倍,钙含量是普通

梯田稻鱼丰收 龙俊/摄

大米的3倍。元阳梯田红米富含人体所需的18种氨基酸，人体所不能合成的8种氨基酸中，元阳哈尼梯田红米就含有7种。另外，与其他产区的15个红米品种相比，元阳梯田红米 γ-氨基丁酸和钙元素的含量极高，分别是其他地区红米的3.21倍和5.63倍，可以说梯田红米每一粒谷子都是浓缩的精华，堪称大米中的精品。

梯田红米不仅好吃，营养丰富，现在还是游人喜爱的伴手礼。

蒙自枇杷：像明珠一样人见人爱的黄金果

红河州州府蒙自有几条街道是以植物的名字命名的，比如银杏路、凤凰路、缅桂路等。明珠路上种的是什么植物呢？展开想

蒙自枇杷 王韵妤/摄

象猜一下吧,像明珠的东西,那就是枇杷了。

蒙自属于亚热带季风气候。优越的气候,宽广的土地,孕育了丰富的物产,而枇杷就是其中之一。蒙自枇杷果肉金黄细腻,柔嫩多汁,口感甘甜怡人,味道鲜美,且一身都是宝,果肉、果皮、枝叶均可入药,对很多疾患有特殊疗效,比如止咳,润肺等。

蒙自因大自然赋予其得天独厚的优势,所产枇杷从每年冬季就陆续成熟上市,是全国最早上市的枇杷之一。

暖暖的冬阳下,漫步在蒙自街头,微风拂面,一不小心,可能落在你头上的正是一颗像明珠一样人见人爱的黄金果枇杷,你大可趁新鲜放心食用,岂不快哉!

绿春玛玉茶:全国公众信誉名优食品

绿春玛玉茶是云南名茶之一,被称为"西南龙井",1994年获全国公众信誉名优食品奖。

玛玉茶产于绿春哈尼族自治县骑马坝乡哈尼山寨玛玉村。该村地处黄连山自然保护区腹地,四面环山,古木参天,遮天蔽日,青翠欲滴,山涧云雾缭绕。两条小河由大树林中奔流而下,环村而过,四季清澈,在村南交汇,注入渣珞河。北面的黄连山海拔2200米,犹如一道绿色天然屏障,挡住北来的寒流,形成冬季无霜无严寒,夏季无高温酷暑的独特山区气候,昼夜温差大。良好的生态环境,特适宜茶树的生长。

黄连山自然保护区中分布众多野生茶树群落,这些野生茶树

茶园 一凡/摄

群落已有1000余年的历史，成为参天乔木。其中最大的主干直径84厘米，生长年限已有1700余年，其根部萌发的再生枝刚劲挺拔，绿叶纷披，显示无限生机。

玛玉茶外形枝条肥硕重实，色泽墨绿油润，锋苗秀丽，银毫显露，汤色清澈明亮，香高持久，滋味鲜爽，带蜜糖香味，叶底柔嫩匀亮。现在的玛玉茶，采用烘青制法。这种制法通过高温快速烘干茶叶，能最大程度地保留茶叶的绿色和香气，而且使茶叶更加耐储存。

哈尼焖锅酒：甘醇绵长

哈尼族焖锅酒历史悠久，因甑内焖制取酒而得名，原产于红河县垤玛、三村哈尼山寨。

相传远古时代，哈尼族人从遥远的北方草原迁徙到红河南岸。这里气候温和，雨量充沛，山地立体气候明显，自然条件得天独厚。勤劳智慧的哈尼族祖先将水引至海拔近 3000 米的哀牢山上，开凿出绵延的梯田，开启自给自足的农耕生活。善于酿酒的哈尼人，更是形成了以焖锅酒酿制技艺为代表的哈尼族酒文化。

焖锅酒以稻谷、玉米、高粱、大麦、小麦、荞麦等带壳谷物为原料，要求颗粒成熟饱满，无霉烂、无杂质。蒸煮过后放入土缸或土罐，配以本土酒曲发酵，后移入大酒甑蒸烤，大酒甑上放置一个锥形铜锅，锅内倒入冷水，锅底处放置一个盛酒的小盆，酒分子上升后遇铜锅底部冷却变液体滴入盆中，醇厚甘美的焖锅酒由此得来。

杯小乾坤大，壶中日月长。哈尼族焖锅酒配方独特，通常来说，100 斤主料只能烤出 30 斤酒，酒色清澈晶莹，酒味醇正浓烈，让人回味无穷。2018 年，"哈尼族焖锅酒酿制技艺"被列入红河州第五批州级非物质文化遗产代表性项目名录。

千百年来，哈尼族人与焖锅酒结下了不解之缘，不论男女，都喜欢喝自己酿造的焖锅酒。如果有亲朋到来，热情好客的哈尼族人都会用焖锅酒招待客人。吃着美味佳肴，品着甘醇绵长、回味无穷的焖锅酒，客人自然流连忘返。

弥勒葡萄:"东方波尔多"

　　弥勒葡萄源自法国最古老的酿酒名种之一——玫瑰蜜。这里生长的葡萄色泽艳丽,品质很高,可以用来酿酒。酿造出来的葡萄酒呈宝石红色,具有浓厚纯天然果香味,口感极佳。21 世纪初据专家考证,玫瑰蜜在法国已退化,且灭绝。而弥勒这片葡萄园是唯一保留法国古老优良葡萄品种玫瑰蜜的葡萄园。

　　弥勒市地处滇中,属亚热带气候,立体气候突出,是云南较适宜葡萄种植的地区之一,也称得上是中国具有明显地理特色的葡萄种植基地,被法国专家称为"东方波尔多"。

　　弥勒葡萄色泽艳丽,品质高。玫瑰蜜、水晶等弥勒葡萄既可鲜食,又可酿酒,品质优良。玫瑰蜜酿之酒,酒质丰满,宝石红色,玫瑰芳香;水晶酿制的干白葡萄酒,晶莹透亮,具有浓厚纯天然果香味。2006 年,弥勒葡萄酿制的云南红葡萄酒荣获"中国驰名商标"的荣誉。

弥勒葡萄 陈保舜 / 摄

彝族传统手工艺纺麻 黄光明/摄

CHAPTER 08

传承千年，我们终将相遇

时间太瘦，指缝太宽。岁月无敌，一个人不过是时间长河中的一朵小小浪花。

红河沃土上生活着汉族、哈尼族、彝族、苗族、傣族、壮族、瑶族、回族、布依族、拉祜族、布朗族（莽人）11个世居民族，多民族文化的融合铸就了红河多姿多彩的文化内涵，也让红河的多元文化呈现出许多让人应接不暇的欣喜，更让徜徉在红河人文历史、社会百态中的人穿梭于无限的遐想空间……

民间传统手工艺是非物质文化遗产中非常重要的组成部分，手工艺传承人所掌握的传统工艺知识和技能，是优秀传统文化的一部分，常常在不经意间就惊艳了时光，又在猝不及防中与我们蓦然相遇，抵达我们内心最柔软的地方，温暖着我们。

生活在红河大地上的各民族的古老传统节日也很多，如哈尼族的"开秧门""十月年""矻扎扎节"，彝族的"火把节""祭火"等，几乎都涵盖了原始信仰、祭祀文化、天文历法等人文与自然文化内容，蕴含着深邃丰厚的文化内涵。

每个节日的到来，都让红河大地成为欢乐的海洋。万民同乐，是民族节日的精髓。生活在红河大地上的各兄弟民族，不分彼此，只要遇到节日，大家融在一起载歌载舞，用微笑传递着快乐，用欢乐凝集起人心。

建水紫陶：让我鲜活在你的生命里

2008年，建水紫陶烧制技艺被列入国家级非物质文化遗产名录。2016年，国家原质检总局批准对"建水紫陶"实施地理标志产品保护。

现在建水紫陶的出镜率或者说曝光率如同火山口喷涌的岩浆,一个浪潮接着一个浪潮,各种各样千奇百怪造型的建水紫陶一个个粉墨登场,亮相后的惊艳程度常常让每一个有幸初识的人猝不及防。仔细想来,又是必然,毕竟是经过千度高温的淬火涅槃。

正如一首歌里唱的:"你隐藏在窑烧里千年的秘密,极细腻,

建水紫陶 汪力/摄

犹如绣花针落地。"建水的碗窑村是个窑火烧出来的村落。没有确切记载这里烧窑的历史可追溯到何时，但这里出产的紫陶"体如铁，明如水，亮如镜，声如磬"，花瓶装水不发臭，花盆栽花不烂根，茶壶泡茶味正郁香，餐具存肴隔夜不馊却是事实。

在建水县燕子洞新石器时代遗址中，发现了距今 3500 多年的陶丸、陶网坠，证明建水早在新石器时代就有了原始制陶工艺。建水陶瓷萌芽于新石器时代晚期。一直流传着的"宋有青瓷、元有青花、明有粗陶、清有紫陶"之说，碗窑遗址的发掘和建水城郊山坡上大量出土的将军罐，让人们从这种极富灵性的陶瓷语言里，破译出建水的唐时明月宋时风华。

建水的山水人文，最适合哺育紫陶的历史文化。建水有独一无二的生产紫陶的红、黄、紫、青、白五色土，推开建水城西北方向碗窑村山坡上的滚石，推开灌木荆棘，大片大片的五色土在阳光下闪现着金属般的光芒。

物不稀则不贵。在千年前的建水人眼中，五色土有几山坡呢，一点儿也不贵。所以千年前的建水人拿陶土来做大量的生活用品，小到烟嘴、吹鸡（一种玩具），大到可海量储存的酱缸、水缸、将军罐。当然，最有名的还是汽锅，因为它不知道承载着多少代吃货们舌尖上的快感。这也正是建水紫陶千百年来一直陪伴在人们生活中的原因。

建水陶泥取自境内五彩山。陶泥含铁量高，成器硬度高，强度大，表面富有金属质感，叩击有金石之声。经无釉磨光，精工细磨抛光，质地细腻，光亮如镜。建水陶讲究精工细作，尤其注重装饰，它以书画镂刻、彩泥镶填为主要手段，集书画、金石、镂刻、镶嵌等装饰艺术于一身。建水陶实用性与观赏性兼具，有壶、杯、盆、碗、碟、缸、汽锅、烟斗、文房四宝等产品。

建水紫陶的每一件作品，经过挖泥、炼泥、揉泥、拉坯、修坯、装饰、雕刻、填充、粗修、精修、烧制、抛光……十多道工序，一道也不省心，一道也不能有闪失，否则前功尽弃。

要诞生一件建水紫陶精品，从生活用具涅槃为工艺品，让丑小鸭变成白天鹅，必须靠大师之手来点石成金。比如装饰环节，一般由书画大师来完成。大师要怀拥一个大瓶或大罐或举一个小茶壶，在一个圆面或坡面甚至是锥面上书画，且只能是悬腕而书。在这样的造型中完成书画作品，完全不同于在纸上作书画，这需要长久历练形成的与泥坯的默契，对泥的熟悉，能把泥土当纸张自然非一日之功。如果一件紫陶作品有几道工序出自大师之手，又碰巧天公作美，烧出漂亮的窑变，那么天价就成了必然。所以今天的建水紫陶出现了"两极分化"，一类是贱价的生活用品，另一类是天价的艺术品收藏品。

时间太瘦，指缝太宽。岁月无敌，一个人不过是时间长河中的一朵小小浪花。我们不能让血肉之身永垂不朽，但总是千方百计让我们的思想流芳百世。建水紫陶能在时间的大浪淘沙中熠熠生辉，让人们看到了思想流芳百世的可能性。如果请文学家来形容建水紫陶诞生的整套流程，以及概括每一位参与建水紫陶制作人的期盼，那这句话恰如其分——建水紫陶：让我鲜活在你的生命里。

■带一本书去红河

乌铜走银：永不消逝的银纹

  乌铜走银是云南省特有的传统铜制工艺品，起源于清朝雍正年间，至今已有300多年的历史。据《石屏县志》记载，当时石屏岳家制作和售卖乌铜走银的分店从石屏开到了昆明，数量多达数十家；乌铜走银产品的年销量近5000件，且除了本省市场以外，部分产品还会远销港澳甚至海外。1956年，岳氏乌铜走银传人苏继承做了两块"昆明西山龙门"全景屏风，一块送给北京国家博物馆，一块留在云南，是石屏乌铜走银最具代表性的作品。

  清末民初，乌铜走银发展走向鼎盛，主要盛行香炉、酒具、灯具、饰品等与生活息息相关的产品。银与乌铜的对比产生强烈的视觉冲击力，使作品更加生动、立体和富有层次感。纯手工錾刻的线条、花纹和细节栩栩如生。每一件作品表面呈现出闪耀的

乌铜走银 汪力/摄

银色光泽，具有较高的反射率。这种光泽和反射效果增加了作品的视觉吸引力和艺术价值，使乌铜走银作品在不同角度下呈现出不同的光影效果。可以说，乌铜走银见证了整个滇南工艺品发展的历史兴衰，它凭借精致的外表和细腻的花纹深得人们的喜爱，被誉为永不消逝的银纹。

制作乌铜走银的过程包括炼制乌铜合金、锻造乌铜片、雕刻图案、走银（或金）、成型、抛光、捂黑等多个复杂的工序。其中，走银是最为核心的一步，即将熔化的银（或金）水注入图案中，这一步的温度控制至关重要，因为它关系到铜与银是否能成功熔接。完成后的作品不仅美观大方，而且随着时间的推移，乌铜表面会因长时间的捂黑而变得更加乌黑发亮，增添了作品的古朴韵味。

2011年，乌铜走银制作工艺被列入第三批国家级非物质文化遗产名录。

个旧锡制工艺品：走入寻常百姓家的艺术

个旧以中国的行政区划来说，只是个小小的县级市。而个旧如果以金属锡的产量来说，它是世界的锡都。锡制工艺正式被誉为锡都个旧的传统工艺，约始于永乐年间。2009年，个旧锡器制作技艺列入云南省第二批省级非物质文化遗产名录。

个旧锡制工艺品色泽似银，光亮如镜，造型优美，并具有防潮、保温、耐酸、耐碱等特点，常被用来做温酒的器皿。到了清

锡工艺品 金家茂/摄

代又发展为香炉、烛台、神灯、花瓶、酒壶、茶壶、油灯、餐具、脸盆、粉盒等日用品。近年来在继承传统技艺的基础上，又创造了瓜形茶叶缸和成套酒具、咖啡具、啤酒具、奖杯等百余个花色品种。个旧锡制工艺品精巧玲珑，几乎每家都有。

多少年的工艺传承和时代的更迭创新，造就了个旧独树一帜的锡工艺美术品。

个旧锡制工艺主要包括采坯、碾坯、放样下料、钣金成型、手工抛光、焊接、手工雕刻、錾花等工艺流程。如今的锡器制作普遍使用石范浇铸工艺和斑锡工艺。其中，使用手工雕刻和打磨的青色或红色粉砂岩，铸型制造出精美器物的石范浇铸工艺被称为"工艺美术界的活化石"，是世界现代模具最古老的技术源头。而斑锡工艺品则通过器具制作、模具使用、装饰雕刻、特殊工艺处理，制作出精美的锡制品。

锡工艺品具有深厚的历史价值、重要的社会价值、精美的艺术价值和特殊的经济价值，是我国工艺品中的瑰宝。

红河刺绣：流动于山野间的绝美风景

中国的刺绣起源早，技艺精湛，可谓鬼斧神工。其中，各少数民族的刺绣可谓是各有千秋，独成一派。

红河沃土养育出的很多少数民族人民都是刺绣高手，传统民

彝族刺绣 红河县融媒体中心/供图

族服饰都由手工制作完成，而刺绣作品一般都是穿在身上的，所以说红河的刺绣，是流动于山野间的一道道绝美风景。

红河的每位少数民族同胞，穿的是艺术，戴的是文化。

哈尼族、彝族的服装都加花边装饰，花边也是手工绣的。但哈尼族妇女常用红、绿、蓝、紫、黄、青、白等颜色的丝线，她们手工制作的刺绣品，不仅形象生动、逼真、色彩艳丽，还饱含着哈尼族丰富多彩和博大精深的文化元素。哈尼刺绣不仅针法细腻，颜色鲜艳，而且花样十分抢眼，富有想象力，被外界称为"镶嵌在布匹上的图腾文化"。

彝族刺绣是彝族人民在历史长河中传承先辈文化的一种形式，种类繁多、丰富多彩、制作精美、异彩纷呈。彝族女子擅长

彝族刺绣 红河县融媒体中心／供图

刺绣，五彩斑斓的饰品显示着她们精深的刺绣技艺。

瑶族的挑花刺绣工艺精致细巧。瑶族姑娘们六七岁就开始学习挑花，长大成人时，大多数已成为刺绣能手。瑶绣花纹图案的取材，主要有表现树木花草、飞禽走兽的，有表现云霞水纹和城堞齿轮的，也有表现几何图形和文字以及人物形象的，名目繁多，而且各支系有各支系的花纹图案，真是千姿百态，鲜艳夺目。

哈尼古歌与《四季生产调》

哈尼古歌作为哈尼族极具代表性的非物质文化遗产，被誉为红河哈尼梯田文化的"活化石"，是一张展现红河文化的名片，蕴含着哈尼族特有的精神价值、思维方式、想象空间和文化意识，更是展现哈尼族文化的重要载体。

哈尼古歌的哈尼语为"哈尼哈巴"，是哈尼族社会生活中流传广泛、影响深远的民间歌谣，是世世代代以梯田农耕生产生活为核心的哈尼人教化风俗、规范人生的"百科全书"，是哈尼族乃至西南农耕少数民族口头与非物质文化遗产的经典代表，有非常重要的历史、科学、文学艺术价值。

如果说哈尼古歌像哈尼人音乐殿堂里的阳春白雪，那么《四季生产调》就像是哈尼人田间地头广为传唱的流行音乐，但这首常唱常新、唱之不尽的流行音乐，更像是对举世闻名的哈尼梯田农耕经验的总结，它在看似不经意间就深刻地阐述了春、夏、秋、冬四季轮回的农耕文化。

人们的日常生产劳作，如打埂、培育谷种、撒秧、插秧、打谷子、入仓等劳动过程，竟被勤劳智慧又充满灵性的哈尼人在看似随意的传唱中编入了《四季生产调》而传唱开来。《四季生产调》通俗易懂，具有很高的民俗价值和艺术价值，于2006年入选第一批国家级非物质文化遗产保护名录。

哈尼族服饰：穿的是艺术，戴的是神话

哈尼族具有悠久的历史和灿烂的文化，哈尼服饰文化是哈尼族农耕文化的重要组成部分，也是哈尼族优秀传统文化中精彩的一部分。

哈尼人穿的是艺术，戴的是神话。自织自染的小土布衣服，反映了哈尼族自耕自足的农业生态特征。以黑为美的民族审美观念，蕴含着哈尼族大山般的深沉和庄重；头上的"吴芭"记录着祖先迁徙的历史，胸前的银饰牌记载了宇宙万物的起源。

说哈尼族戴的是神话，源于哈尼族的每一件饰品，都有一个美妙的神话。

哈尼族装饰品中最具代表性的银饰品既是财富的象征，又是哈尼族服饰制作工艺的精髓，它记录了哈尼人演化与变迁的历程，表述了哈尼族原始的进化观。半圆形饰品象征着宇宙，其中心突起的圆代表地球，周围圆圈代表满天的星星，中间装饰的鱼、青蛙、巨人则代表着从原始生物进化到人类的不同阶段。传说中，哈尼族先民为海中鱼，后变成青蛙，再变成巨人，所以各地哈尼

族妇女佩戴的银制品主要以银鱼、水母、螺蛳等水生物为主，既体现哈尼族农耕文化的鲜明特色，又蕴含着哈尼族人丁兴旺的美好愿望。哈尼族先民认为鱼是万物的起源，是生命的象征，妇女的腰间佩戴上银鱼，人丁就会兴旺，民族就会兴盛，它实际上是哈尼族先民生殖崇拜的具象物。

说到哈尼族的服饰，"吴芭"帽是不得不说的。哈尼族送葬时的帽子叫"吴芭"，它是给死者招魂引路的专用祭祀物品。哈尼族认为，人去世以后，必须按祖先迁徙的路线，把灵魂送回到哈尼族诞生的故地——虎尼虎那，死者才会安宁，灵魂才能与祖先团聚。因此"吴芭"记载的招魂线路，实际上反映的是哈尼族祖先迁徙的历史。

黑色是永远的流行色。哈尼族以黑色为主色调的服饰，正好应验了"民族的就是世界的"之真理。

青年永远引领流行。哈尼服饰中，最靓的是青年服饰，而最能反映哈尼族服饰文化多元化的是哈尼族的青年女装，从刺绣的图案可看出森林、梯田的形状。根据上衣和夏装的式样，哈尼族的女装款式可划分为衣裤型和衣裙型两大类。衣裤型服装款式大方，简洁，朴素；衣裙型服装款式独特，华美，色彩丰富。以制作尺寸为标准，两大类型的服装又可划分为数十种类型，共有数百种服装。

哈尼族的老年人服饰以黑色为基调，款式简洁实用、方便，没有了华丽的装饰和复杂的图案。但高龄老人踏上"回归之路"时穿戴的寿衣却别具一格，其中大多布满山水和动植物的纹样。山水纹样既是祖先迁徙的路线图，又是长者之灵魂回归故里的指

哈尼族银饰品 何松涛 / 摄

路图，具有深远的文化含义，是承载民族历史，铭记祖先伟业的证物。

哈尼族的儿童帽，是哈尼族服饰艺术品的精华，它集中展示了哈尼族妇女挑绣刺绣、推绣锁边等工艺，其图案艺术地再现了哈尼族地区的人文和生态环境，表达了哈尼族妇女对儿童的美好祝愿，是非常精美的艺术品。所以说，哈尼族"儿童穿的是艺术，妇女戴的是财富，老人披的是文化"。

哈尼族服饰中最珍贵的要数树皮衣，这是一种用树皮经过无数道工序制作的精品，它也成为现代人只能在博物馆中欣赏的艺术品。当然，为了保护有限的森林资源，哈尼人只把祖先传下的

哈尼族服饰 何松涛 / 摄

精美绝妙的树皮衣存放在记忆的长河中。

　　服饰诠释了哈尼族以父子连名制为核心的哈尼族传统文化的精髓。各地哈尼族的文化交流不受时间、空间和社会环境的限制，也是哈尼族在几千年的迁徙动荡中，历经磨难而经久不衰的一个根本原因。

矻扎扎节：神圣的节日，沸腾的山寨

　　各个民族的节日，内容丰富多彩，且各具民族特色。哈尼族的矻扎扎节，又称"六月节"，一般以农历五月的第一个属猴日开始，届时由"咪谷"主持祭祖、祭磨秋。矻扎扎节作为写进红河哈尼族彝族自治州自治条例的法定节日，是全州人民狂欢的日子。

　　节日期间，哈尼山寨一片沸腾，人们放下了所有的生产劳作，杀猪宰牛，准备各种美食，邀请来宾品尝，与村民们分享。村民们把长街宴从村头摆到村尾，远远望去，像是摆到了云端，和梯田连在了一起。其实，长街宴上的很多食材，正是得益于梯田的馈赠。梯田红米稻田鱼、梯田鸭、梯田鸭蛋、梯田旁边水沟里的小鱼小虾……全是原生态的梯田美食。慕名远道而来的宾客、回乡的游子、脚上还带着泥土芳香的父老乡亲兄弟姐妹，只要坐在长街宴上，就不分大人小孩，也不分男女老少，相逢就是亲人。大家相互敬酒，预祝吉祥和丰收。

　　酒足饱饭之余，村民们尽情唱歌跳舞的好时候来了。人们穿

传承千年，我们终将相遇

着节日盛装，会聚于磨秋场，打磨秋、摔跤、跳乐作舞、唱山歌……祈祷风调雨顺、五谷丰登。怀春的少女和钟情的少年，会趁着好时光悄悄躲进树林，谈情说爱，畅想美好人生。

矻扎扎节的活动从当天清晨的祭祀开始，在夜晚的酒肉飘香中落幕，整个活动鼓声响亮、歌声悠扬，每个哈尼村寨都沉浸在歌舞的海洋里，欢歌笑语踏着梯田层层的台阶，荡漾在云端里。

丰收了 申薇琦/摄

丰收了 胡艳辉/摄

十月年：哈尼人的丰收节

十月年即"扎特勒"，是哈尼族又一个盛大的节日，也可以说是哈尼人的丰收节。时间从夏历十月第一个属龙日开始，直至属猴日结束，历时五六天，是哈尼族一年中过节时间最长、内容最丰富的节日，类似于汉族的春节。

十月年到来之际，深秋，金灿灿的稻穗填满层层梯田，金色的梯田把一座一座的山坡装点成金色的海洋。秋风吹来，金涛翻滚。在这个辞旧迎新的日子，劳作了一年的人们，放下农活，各家各户杀猪宰鸡，舂糯米粑，祭献天地和祖先。

其实在十月年到来的前几天，哈尼山寨就已经沉浸在节日的气氛中了。这个时节，梯田里成熟的稻粒已经归仓。黎明时分，

哈尼十月年 吴俊鑫/摄

妇女们便开始忙碌地舂粑粑，制作团籽面，寨子上空回荡着"空通、空通"的舂碓声；男人们则忙着宰杀猪牛，烹制各种美食。

十月年的第一天，喻示新一年的开始。这一天，哈尼山寨焕然一新，家家户户都沉浸在节日的喜悦中，男女老少身着节日盛装，姑娘们的头上和衣服上装饰着闪闪发光的银饰，随着步伐摇曳生姿，发出悦耳的叮当声。

家家户户在早晚用餐前，都会用小簸箕盛着一盅酒和三个团籽，端到村口祭奠天地和祖先，祈祷新的一年风调雨顺、村寨安宁、六畜兴旺、五谷丰登。随后，哈尼人家会将一些食物送到同宗辈分最高的长者家中，表达对血缘和祖根的尊重。早餐有的家庭会选择只吃团籽和粑粑，有的则宰杀一只大公鸡，全家人共享，象征着团圆和幸福。

中午时分，人们在寨子广场上架起高大的秋千，举行荡秋千活动。生机勃勃的青年人聚集在一起，举行陀螺比赛和摔跤游戏。夜幕降临，草坪上燃起熊熊篝火，人们围火而坐。老人们唱起本民族的民歌《哈巴卡》《根古调》，小伙子们敲响铓锣大鼓，姑娘们跳起欢快的"扭股舞"，男女老少载歌载舞，欢庆通宵。

长街宴自然是节日期间的重要活动，家家户户将烹制好的美食用小簸箕端到街心，摆放在长长的篾垫上，全寨人共同享用，形成一条长达百米的壮观宴席。哈尼族以热情好客著称，十月年时会邀请附近的其他民族来家中做客，即使是路过的陌生人也会受到热情款待，并在离开时收到粑粑和腊肉作为礼物。

十月年期间，出嫁的女儿会回娘家拜年，外甥向舅舅讨要压岁钱。娘家的同宗亲属会用美酒佳肴款待他们，并赠送粑粑和煮熟的鸭蛋。

节日的欢歌笑语洗涤了一年的劳作辛苦，每个人都沉醉在丰收的喜悦中，憧憬着美好的未来，哈尼村寨沉浸在歌舞的海洋里。

火把节：欢乐温暖又炽热

生活在红河沃土上的每一个民族都是能歌善舞的民族。

彝族是一个崇尚火的民族，从生下来在火塘边进行的命名仪式，到与火离不开的各种活动，一生都与火结缘。彝族认为，火给人们带来了光明和温暖，带来了熟食，驱走了凶猛的野兽，因此把火尊为神。彝族的节日基本上都与火有关。火把节，直接就是一个名副其实的火的节日。

火把节，一般在农历六月二十四或二十五日举行。火把节期间，人们身着节日盛装，聚会于摔跤场上，进行摔跤、斗牛、赛歌等传统活动，晚上手持火把成群结队地穿行于村边地头、山岭田埂间，攘灾祈福。远远望去，火龙映天，蜿蜒起伏，十分壮观。然后，人们在宽敞的地方点起篝火，围着篝火，载歌载舞，彻夜不息。

在每年农历六月间举行的火把节，其实早在正月间就埋下了伏笔。

火把节 廖国忠 / 摄

云南红河州弥勒市西一镇的红万村，是一个原汁原味的彝族村落，每年农历二月初三，生活在这里的彝族阿细人都要举行隆重而精彩的祭火活动。

祭火活动最重要的仪程是钻木取火。节日当天，天刚蒙蒙亮，村里的少女已经梳洗打扮完毕并穿上了自己平时精心缝制的服装，其他人则忙着为客人煮糖水鸡蛋和制作红糖粑粑。吃罢午饭，每家每户都要先把各自家中的旧火熄灭，同时备好盛新火的灶具，然后在家里耐心等候火神的到来。与此同时，由村里精选出来的祭火人员，也在老毕摩的率领下，先抬着供品祭器来到村头祭祀龙树。随着老毕摩庄严神秘仪式的结束，身着一身粗麻布衣裤、头戴铁制面具的壮士，装扮成火神模样开始取火。他先取出一根松木，交给站立于两旁的人，这两人双手各执一端蹲在地下，火神双手合拢夹住一根木棍慢慢在松木下转动，十几分钟后，只见一股清烟从火神的手下升起，紧接着一团火慢慢地燃烧起来。

尽管现在进入了全民旅游的时代，但这个神圣的过程，游客基本上无法参与，所以祭火活动的高潮，是钻木取火仪式之后的狂欢。男人们会毫不吝啬地用身体做载体，在自己的身上涂各种颜料或者画上自己喜欢的图案，女人们也不甘示弱，会在自己的身体上最大限度地画上喜欢的图案，在各种色彩图案的遮挡和掩饰下，人们纷纷粉墨登场，跳火堆、过火栏、转火磨、射火弓、闯火阵等精彩的场面此起彼伏，看得人惊心动魄，热血沸腾。就在这种欢乐的气氛中，人们恋恋不舍地将"火神"和自己手中的"兵器""乐器"投入篝火，意味着污秽邪魔已被火烧尽，"火神"会保佑来年收成有余、人寿年丰。

传承千年，我们终将相遇

花山节上的雄鸡打擂 黄俊峰 / 摄

阿细跳月 李昱廷 / 摄

阿细跳月 李昱廷 / 摄

阿细跳月 李昱廷 / 摄

就在这时，随着粗犷奔放的大三弦声响起，不分男女老少，村民们全都跳起了这块土地上诞生的"阿细跳月"，尽情宣泄一年中最大的渴望与快乐。在铿锵有力的大三弦弹起时，人们里三层外三层地围着篝火，纵情地歌唱弹跳，将祭火活动推向高潮。快乐是会传染的，一般到了这个时候，游客会卸下"伪装"参与其中，人群到哪里，"阿细跳月"就跳到哪里，笑声就到哪里。

火把节作为彝族最隆重盛大的传统节日之一，按传统习俗要过三天。关于彝族火把节习俗的由来虽有多种说法，但其本源当与火的自然崇拜有最直接的关系，它的目的是期望用火驱虫除害，保护庄稼生长。火把节的第一天祭火，祈盼阖家平安；第二天传火、选美，也就是举办赛马、摔跤、唱歌、斗牛、斗羊、斗鸡等活动；第三天送火，祈祷平安。

优秀的民族传统节日，让人们领略到人生的美好、自然的瑰丽、人性的善良，带给人们更高层次的精神享受。

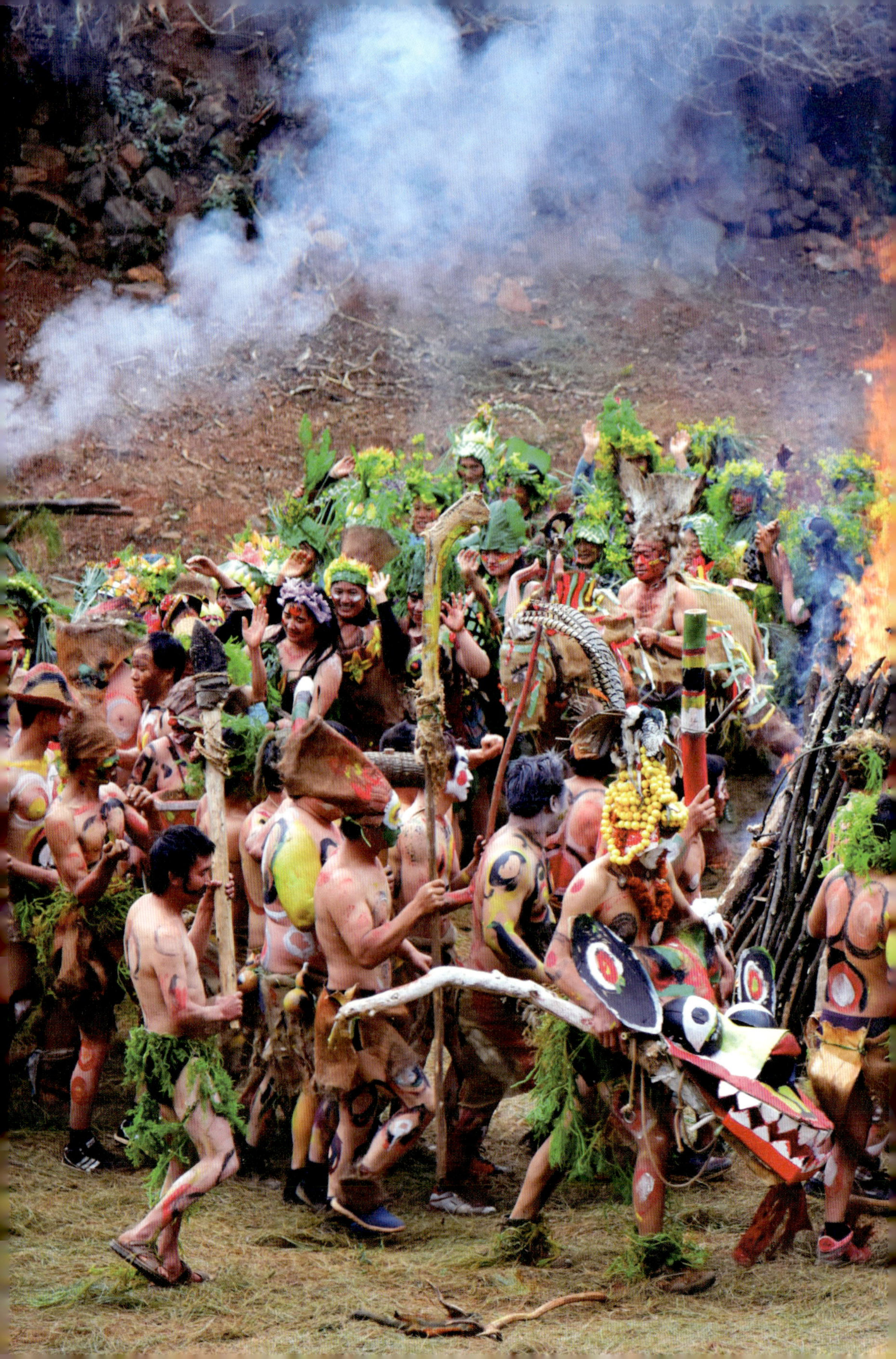

阿细祭火神 普佳勇 / 摄

后记

采写《带一本书去红河》的过程，使我有机会与朝朝暮暮相守的红河有了一次深度的对话与交流。

红河是我的出生地，也是我成长的地方。但这次深入的抵达，让我对红河千年的历史有了新的认识，对红河璀璨的人文景观有了更深的了解，对红河多姿多彩的旅游资源有了全新的观察与思考，得以把红河的广袤时空纳入作品，得以把多年记者生涯积淀的新闻之外的素材用文学的形式表达，让红河在文字中与读者相遇，让读者在红河与美好相遇。

文学艺术是为国家立心、为民族立魂的工作，文化自信是一个国家、一个民族最深厚、最强大的底气。作家对时代最好的致敬，是书写好时代的历史。创作此书的意义，在于用历史的眼光、文化的视角、文学艺术的手法，展示红河这片土地的悠久历史、灿烂文化、丰富资源、风光风情、民风民俗、人文故事，让红河被更多人了解，被世界看见。如果读者通过阅读本书，记忆能带上些许红河的 DNA；如果读者通过本书的引导，在踏上红河的土地之后，能置身其中，尽享旅途中的愉悦和美好；如果读者本来就生活在红河这片土地上，通过阅读本书，加深了一点对自己故乡的认识……那将是我莫大的荣幸。

作家的下笔为文、艺术想象，都会与时代息息相关，唇齿相依。优秀的作家，更是有意识地在做自己所处时代的代言人。当然，要把红河悠久的历史、璀璨的文化、丰富的资源、秀丽的风

后记

光、醉人的美食、宜居的生态、人间的烟火……如此"宏大"的叙事，在这本书里说清楚，几乎不可能，我只能把我看到的红河、我认识的红河、我感受的红河，以这样的方式解读并呈现给读者。

文学是人类最为深邃最为动人的精神所在，但愿文学的诠释，能让读者记住红河。

来红河吧，来红河遇见一切美好。

感谢上苍对红河这片土地的垂青。

感谢中国民族文化出版社对此书的精心策划。感谢编辑老师和全体为此书出版做出努力的相关人员。

感谢中共红河州委宣传部、红河州各市县委宣传部、红河州融媒体中心及相关摄影师对本书图片的大力支持。

王若杰

开秧门 王若杰 / 摄

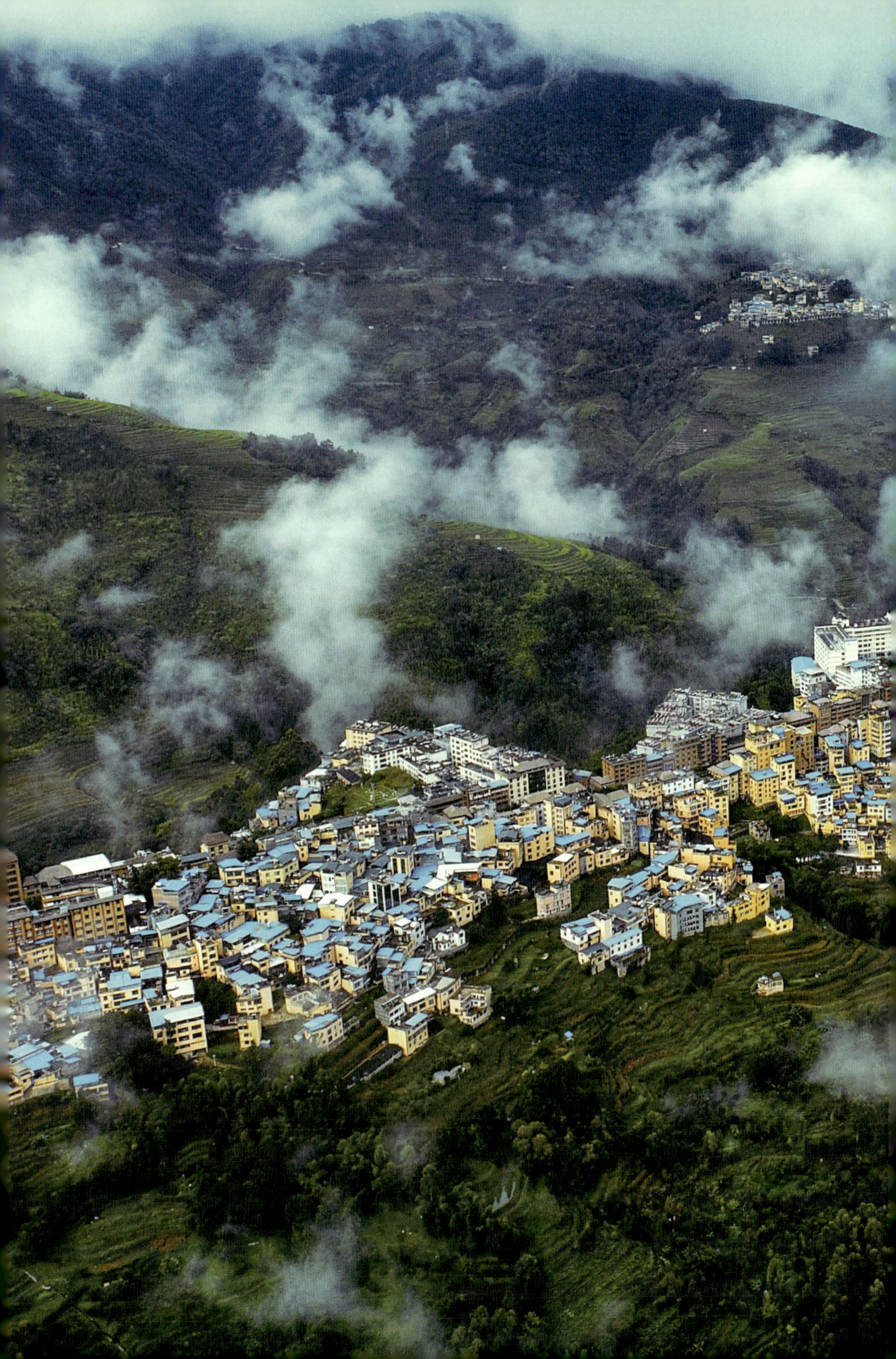

绿春县城　胡艳辉／摄

图书在版编目（CIP）数据

带一本书去红河 / 王若杰著 . -- 北京：中国民族文化出版社有限公司, 2024.8.（2025.1 重印）--（中国这么美的 30 个自治州）. -- ISBN 978-7-5122-1935-9

I . K928.974.2

中国国家版本馆 CIP 数据核字第 20240TY834 号

带一本书去红河
Dai Yi Ben Shu Qu Honghe

总 策 划	刘彦明
执行策划	赵　天
作　　者	王若杰
责任编辑	张晓萍
封面摄影	龚维跃　罗正恒
排　　版	姚　宇
责任校对	李文学
出 版 者	中国民族文化出版社　地址：北京市东城区和平里北街 14 号
	邮编：100013　联系电话：010-84250639　64211754（传真）
印　　刷	小森印刷（北京）有限公司
开　　本	710mm×1000mm　1/16
印　　张	17.5
字　　数	204 千字
版　　次	2024 年 10 月第 1 版
印　　次	2025 年 1 月第 2 次印刷
标准书号	ISBN 978-7-5122-1935-9
定　　价	78.00 元

版权所有　侵权必究